KB141612

죽음이 온다 살아야겠다

죽음과 삶을 생각하는 시간

죽음이 온다

죽음과 삶을 생각하는 시간

살아야겠다

이종건

yeon
doo

차례

죽음을 생각하는 시간

삶을 생각하는 시간

프롤로그:
삶의 땅과 죽음의 하늘

서른에 입지, 마흔에 불혹, 쉰에 지천명, 예순에 이순, 일흔에 종심. 그렇게 공자가 나이가 들어감에 따라 삶의 변화의 마디를 그려냈듯 나 또한 나만의 방식으로 삶을 매듭 지으며 살아왔다. 은퇴를 앞둔 여러 해 전, 나는 그것을 죽음에 대해 찬찬히 생각해보는 문턱으로 삼았다. 죽음에 대해 한 번도 그리해본 적이 없기 때문인데, 그로써 은퇴 이후에는 내가 살 수 있는 최선의 삶을 살고 싶어서다. 내 집 짓기 프로젝트로 잠깐 미루긴 했지만, 이번에도 은퇴하면서 하나의 매듭을 짓긴 지었는데, 그로써 삶에 대해 다시 따져보게 되었다. 죽음을 생각한다는 것은 삶에 대한 생각을 반드시 불러낸다는 뻔한 사실을 예상치 않았던 탓이다. 죽음을 앞에, 삶을 뒤에 둔 이 책의 구성은 그렇게 해서 형성되었다.

죽음. 나는 그 말을 생짜로 썼다. 그 말을 대하는 사람이 다소 불편할 수도 있겠지만, 나는 그리하는 것이 죽음을 정직하게 대면하는 거의 유일한 방식이라 생각해서다. 삶도 그런 식으로 아무 수식 없이 생각하고, 함께 또는 홀로 살아갈 수 있으면 좋겠다. '있는 그대로' 대하는 것이 성숙해 가는 길이자 성숙의 표식이 아닐까 싶다. 기쁨도 고통도, 슬픔도 외로움도, 좌절도 모멸도 겉치레 없이 에두르기 없이 과장 없이 피하지 않고 날것 그대로 경험하며 사는 것 혹은 살 수 있는 것. 나는 그것이 원숙하고 맑은 삶이라 생각한다.

나는 죽음과 삶에 대해서는 특히 맑게 생각하려 애썼다. 그런데 내 생각과 의지와 달리 몸이 따로 움직인다. 늘 그렇듯 이런저런 파토스에 잠긴다. 이 글을 쓰는 동안도 예외가 아니다. 밝은 대낮인데도, 상쾌한 공기인데도 죽음은 두렵고, 삶은 무겁기 때문이리라.

기쁨과 즐거움이 문득 푸른 달처럼 방문하기도 하지만, 고통 없고 문제없는 삶은 없다. 온 세상이 잠들고 홀로 깨어 있을 때, 미카엘 하네케나 테렌스 맬릭의 영화를 볼 때, 바흐와 쇼팽의 음악을 들을 때, 깊은 생각이 길어 올린 글들을 접할 때, 매일 반복하는 일상 어느 한가운데 가끔 심연이 찾아든다. 때로는 신비가 손짓한다. 남한강의 파문처럼 가만히 마음이 흔들린다.

우리는 왜 사는 걸까? 앞서 걷는 사람의 긴 그림자가 발

죽음이 온다 살아야겠다

에 걸리듯 흘겨보던 뉴스에서 누군가의 죽음이 가끔 눈에 밟힌다. 나도 죽긴 죽겠지. 어찌 살까? 매일 접하는 자기살해 기사가 저쪽 마을에서 피어나는 검은 연기처럼 마음갈피를 뺏는다. 견딜 수 없이 힘든 삶을 견디게 하는 힘은 무엇일까? 막막한 고통과 처절한 외로움 앞에서, 모질고 사나운 세상 속에서, 삶과 죽음이 하루살이 벌레처럼 명멸하는, 신을 잃은 운명 앞에서 삶의 힘, 살아갈 의지, 존재할 용기는 어디서 얻을까? 살아갈 날들을 회환 없이 살 방도는 어디 있을까? 죽음의 그림자 안에서도 삶의 모든 순간을 아끼고 사랑하며 살 힘은 내 안의 무엇으로써 만들까?

이 글은 그러한 질문들 앞에서 절망과 (무)의미, 그리고 열망과 기만을 오가며 삶의 땅과 죽음의 하늘을 더듬었다. 나와 나 아닌 것들을 껴안는, 내재성과 초월성을 아우르는, 좀 더 단단하고 좀 더 확장적인 삶의 길을 조심조심 더듬었다. 땅에 뿌리 깊이 내리고 하늘로 간단없이 뻗어나가는 메타세쿼이아를 동경하며.

양평 송학리, 디스헛에서

이종건

죽음을

생각하는 시간

1.
왜 죽음을 생각하는가?

우리는 왜 죽음을 생각하는가. 살아갈 생각도 벅차고 힘겨운 마당에 왜 죽음을 생각해야 할까. 누군가 죽었다는 일상의 뉴스가 하루를 거르는 일이 없고 누군가의 장례식에 가지 않고 보내는 해가 단 한 차례도 없다. 누군가 죽을병에 걸렸다는 소식을 심심찮게 듣고, 지척 거리의 누군가가 황망히 죽는 것을 듣거나 본다. 이렇게 일상에 만연한 죽음을 우리가 굳이 생각해봐야 할 이유는 무엇일까?

즉각 떠올릴 수 있는 대답은 이것이겠다. 우리 모두 죽을 수밖에 없으며 죽음은 삶이 절멸되는 더없이 무거운 사건이다. 그런데도 우리는 죽음을 '제대로' 생각하지 않는다. '철저히' 생각하지 않는다. 죽음이라는 사태 앞에서 우리는 자기 자신만큼이나 혹은 (극히 드문 일이긴 하지만) 자기 자신보다 더 사랑하는 사람의 죽음의 사건이 아니고서는 잠깐 멈추어 생각하고 이내 잊는다. 그러다가 막상 (도무지 예기치 않은) '그때'가 홀연히 찾아들면 그 상황에 당면한 이들을 보건대 아마도, 아니 분명히 마음의 평온을 잃은 채 온갖 생각에 시달릴 것이다. 통렬한 회한悔恨에 빠지리라. 그러니 죽음은 우리가 적어도 한번은 곰곰이 생각해봐야 할 삶의 중요한 주제가 아니겠는가.

죽음을 깊이 생각하고 죽음에 대해 열심히 공부하면 (더) 잘 살거나 (더) 잘 죽을 수 있을까? 그럴 수도 그렇지 않을 수도 있겠는데, 이 질문은 죽음에 대한 관심을 곧장 닦달한다. 무엇을 하든 그로써 우리의 삶을 좀 더 나아질 수 있게 하지 않는 것은 미루어도 될, 심지어 눈길조차 주지 않아도 될 잉여이기 때문인데, 이마누엘 칸트[1724~1804]의 유명한 '네 가지 질문'은 우리가 생각해야 할 과제를 삶의 핵심에서 벗어나지 않도록 규제한다. 그는 철학적 과제들을 다음의 질문들로 꿰고자 애썼다. 우리는 무엇을 알 수 있는가? 우리는 무엇을 행해야 마땅한가? 우리는 무엇을 희망해도 좋은가? 그리고 마지막으로 인간이란 무엇인가? 따라서 나는 이 네 가지, 아니 적어도 지나치게 광범하고 철학적으로 지난한 마지막 문제는 차치하고, 적어도 나머지 세 가지 질문은 심중에 두고 여러 선생先生의 의견을 이리저리 살펴볼 요량이다. 죽음을 둘러싼 중요한 진술들을 이리저리 생각하고 뜯어봄으로써 우리가 죽음에 대해 알 수 있는 것은 무엇인지, 우리가 죽기 전에 마땅히 해야

죽음이 온다 살아야겠다

할 일은 무엇인지, 죽음의 사태 앞에서 우리가 희망할 수 있는 것은 무엇인지, 그리고 도전적 과제이지만 어렴풋이나마 죽을 수밖에 없는 우리는 도대체 어떤 존재인지 대답해보기 위해 씨름해볼 요량이다.

먼저 죽음에 대해 생각함으로써 우리가 희망해도 좋은 것은 무엇인가? 뭉뚱그려 '잘 살기'와 '잘 죽기'를 생각해볼 수 있겠다. 프리드리히 빌헬름 니체[1844~1900]가 '자유정신'의 화신으로 꼽으며 가장 닮고자 했던 미셸 드 몽테뉴[1533~1592], 그는 "철학을 공부하는 것은 자신이 죽는 것을 준비하는 것에 다름 아니다."라고 말한 고대 로마제국의 현자 마르쿠스 툴리우스 키케로[기원전 106~기원전 43]를 이어받아 「철학하기는 죽는 법을 배우는 것이다」라는 제목의 에세이를 썼다. 소크라테스[기원전 470~기원전 399]가 "진정한 철학자는 죽는 것을 전문직으로 삼는다."고 했듯 고대인들은 흔히 철학을 죽음을 직면하는 데 필요한 지혜를 제공하는 것으로 여겼다. 그런데 왜 죽는 법을 배우는가? 몽테뉴는 앞의 에세이에서 이렇게 썼다. "죽는 법을 배운 자는 노예가 되는 법을 잊는다." 죽음을 알면 삶이 자유로워진다는 것이다. 루키우스 안나이우스 세네카[기원전 4~기원후 65]에 따르면 "잘 죽는 법을 모르는 자는 삶을 형편없이 살게 된다."

죽음에 대한 생각은 삶의 비본질적인 부분들을 추려내는 효과를 낳는다. 죽음에 가까이 갈수록 혹은 죽음을 생생하게 떠올릴수록 아웅다웅 매달리던 어떤 관계는, 어떤 대상은, 어떤 욕심은 가을 낙엽처럼 떨어져 나간다. 우리의 귀중한 삶의 에너지를 애써 매달리지 않아도 되는 것들로 낭비하지 않게 하니, 죽음을 생각하는 것은 분명 좋은 삶에 이바지한다고 할 수 있겠다. 그런데 죽음의 인식은 우리의 삶을 다른 방향으로 튀게 할 수도 있다. "노새 노새 젊어서 노새 / 늙어지면 못 노나니"라는 노랫말처럼, 우리 사회에 오용되는 유행어 '카르페 디엠'처럼 '즐길 수 있을 때 마음껏 즐겨라.'는 삶의 태도를 부추길 수 있기 때문이다. 즐거운 삶이, 곧 좋은 삶은 아니다. 몸은 힘겨워도 마음이 흡족한 삶이 있고, 안락해도 가시방석인 삶도 있다. 고되지만 보람된 삶이 있고, 편하고 배불러도 공허한 삶이 있다. 그러니 죽음이 우리를 행여 그 방향으로 몰아간다면 죽음의 인식이 딱히 좋은 효과만 낳는 것은 아니겠다. 게다가 신이나 종교가 없는 삶에 죽음에 대한 의식이 대책 없이 엄습하면 웬만한 사람들은 허무(주의)에 잠식되기 십상이다. 죽음을 대적할 수 있는 세속의 가치는 찾기 어렵기 때문이다.

'잘 죽기'는 어떤가? 이것은 '잘 살기'보다 훨씬 더 대답하기 어렵다. "우리는 우리의 운명에 필적해야, 곧 운명만큼 냉담해야 한다. '그렇군! 그렇군!'이라고 말하며 우리 발밑의 검은 구덩이 속을 응시함으로써 말이야." 이렇게 말한 귀스타브 플로베르[1821~1880]는 아버지가 외과 의사였던 덕분에 그 경험을 일찍 시작했다. 파리 떼로 덮인 시체도 보고, 의학도들이 자신들이 난도질한 사지에 담뱃불을 놓기도 하는 것을 보며 성장

　죽음이 온다 살아야겠다

한 그는, 스물여섯 살 때 문학 친구가 죽자 그의 관자놀이에 키스를 했다. 십 년이 지나고서도 그 순간을 기억하며 그는 이렇게 말했다. "일단 시체의 이마에 키스하면 어떤 것으로도 지울 수 없는 아스라한 쓴맛, 공허의 뒷맛 같은 무엇이 입술에 늘 남는다." 그 이후 이십여 년이 지나고서 다른 문학 친구가 죽자 그는 그와 매우 가까운 사이였지만 그의 죽은 몸을 볼 엄두조차 내지 못했다. "읽기부터 죽는 것까지, 모든 것을 배워야 한다."고 갈파했지만, 정작 자신은 그러지 못했다.

당대 가장 유명했으며 최고의 글 값을 받았던 『인간의 굴레』와 『달과 6펜스』의 작가 윌리엄 서머싯 몸[1874~1965]도 그랬다. 실천적 지식과 세계에 대한 지식으로 여러 명언을 남긴 그는 노년에 활기와 정욕으로 들끓고, 복수심과 성욕과 적개심에 사로잡혀 텅 빈 부자로 전락했다. 죽고 나서 행여 지옥에 떨어질까 두려워 당대 지적으로, 그리고 사회적으로 가장 평판이 높았던 철학자 알프레드 에이어[1910~1989]를 자신이 죽는 자리에 불러서 죽음 이후에 어떤 것도 존재하지 않는다고, 죽음이 진실로 마지막이라고 안심시켜주기 바랐다. 독일 문학의 최고봉을 상징하는 요한 볼프강 폰 괴테[1749~1832]도 크게 다르지 않다. 철학자이자 자연연구가였으며 한때 바이마르 공국公國의 재상이었던 괴테, 당대 최고의 현자 중 한 명이었으며 죽기 6개월여 전에 『파우스트』를 마칠 만큼 건강이 탁월했던 그는 어찌 죽었던가? 그를 포함해 명사들의 죽음은 우리에게 대개 윤색되어 나타나지만, 그의 임종을 지킨 의사의 일기에 따르면 그는 죽을 때 끔찍한 두려움과 동요에 사로잡혔다. 실존과 세계를 누구보다 깊고 넓고 예리하게 포착한 위대한 문호의 죽음이 그러하니, 나 같은 범인은 과연 그렇지 않을지 자신 있게 말할 수 없다. 그리고 엘리자베스 퀴블러 로스[1926~2004]의 유명한 죽음의 순차적 다섯 이행 단계(부정→분노→협상→우울→수용)를 순서대로 밟고 죽는 사람도 그리 흔치 않다. 평온한 죽음을 맞는 것은 결코 예사로운 일이 아니다.

몽테뉴는 좋은 사람이 나쁘게 죽는 것을, 그리고 나쁜 사람이 좋게 죽는 것을 겪어봐서 안다고 했다. 작가가 되기 전에 의사 훈련을 받았던, 환자들이 평화로우면서도 비극적으로 죽는 것을 목격한 서머싯 몸은 이렇게 말했다. "사람들은 개처럼 죽는다." 이 글에 언급한 몽테뉴, 플로베르, 서머싯 몸, 괴테 등의 죽음과 관련된 에피소드의 인용 출처인 『Nothing to be frightened of』의 저자인 영국의 맨부커상 수상 작가 줄리언 반스[1946~]는 그 책에서 이렇게 썼다. "(서머싯) 몸이 옳다. 우리는 개처럼 죽는다." 우리 모두 의료 도움으로 적어도 개보다야 나은 죽음을 맞겠지만, 본질은 그리 다르지 않다는 뜻이다. 자연 재앙이 그렇듯 죽음 또한 인간의 차원을 벗어난 무차별 우발적 사태, 곧 천지불인[天地不仁]에 해당된다.

무엇이 좋은 죽음인가? 죽음 탐구서라고 부를 만한 앞의 책에서 줄리언 반스는 죽음의 확진이 내려지고 죽기까지의 과

　　　　　　　죽음이 온다 살아야겠다

정이 짧고, 고통이 적거나 없으며, 죽을 때 두려움이 없는 상태를 좋은 죽음이라고 생각한다. 예컨대 프랑스 화가 조르주 브라크[1882~1963]처럼 자신이 좋아하는 일에 몰두하다가 마치 초겨울의 마지막 잎새 떨어지듯 스르르 죽는 죽음을 현대인이 맞을 수 있는 최고의 죽음으로 본다. 반스는 죽음의 문제에 관한 한 몽테뉴를 고대와 현대의 분기점으로 본다. 좋은 죽음을 철학의 목표로 여긴 고대인은 죽을 즈음 스스로 곡기를 끊은 채 죽음을 고요하게 맞는 고승을 최고의 사표로 삼았다. 죽는 길에 들어섰는데도 빨리 죽지 않고 오랜 고통을 겪으며, 두려움에 사로잡혀 죽음을 받아들이지 않은 채 죽는 것은 나쁜 것이었다. 그보다 더 나쁜, 그래서 프랑스 작곡가 모리스 라벨[1875~1937]의 경우가 그러했듯 이고르 스트라빈스키[1882~1971]가 최악이라고 언급한, 그리고 반스 또한 거기에 동의하는 죽음은 치매에 걸려 의존적인 삶을 살다가 죽는 것이다.

그런데 두려움의 문제는 잠시 밀쳐놓고, 흔히 나쁘다고 말하는 죽음을 잠시 생각해보자. 고통을 오래 겪으며 빨리 죽지 않는 죽음을 나쁜 죽음으로 간주하는 것은 혹시 죽음을 맞는 당사자가 아니라 그의 측근, 특히 돌보는 자를 위한 것이 아닌가? 혹시 살아 있는 자의 마음이 불편하고 살아가는 자의 삶이 그 때문에 걸리적거려서 나쁘다고 하는 것은 아닌가? 만일 그렇다면 죽은 자가 아니라 산 자가 지어낸 생명 모독 이데올로기가 아닌가? 우리에게는 이십 대 청춘에 루게릭병에 걸려 자력으로는 말조차 할 수 없는 몸으로 일흔여섯 살까지 살아낸 스티븐 윌리엄 호킹[1942~2018]이 있는 반면, 파킨슨병으로 (죽음을 위해) "필요한 채비가 불가능해지기 전에" 자살한 아서 쾨슬러[1905~1983]가 있다. 음식에 빗대어 어색하지만, 단 한 번뿐인 죽음을 마시고 싶지 않아 마지막까지 발버둥치기보다 담담히 받아들이는 것을 좋은 죽음으로 생각하는 이유는 무엇인가? 삶의 최후의 순간까지 삶을 놓치지 않으려는 필사적 몸짓 혹은 정신은 왜 나쁜가? 죽음 판정 앞에서 죽음을 묵묵히 수용하고 조용하게 신속히 죽는 것을 좋은 죽음으로 생각하는 까닭은 도대체 무엇인가?

노벨상 수상 작가 스베틀라나 알렉시예비치[1948~]는 『The Unwomanly Face of War』에서 이렇게 썼다. "몇 사람은 알아들을 수 없이 조용하게 죽었으며, 다른 사람들은 '죽고 싶지 않아!'라며 절규했다. 남자들이 (죽으면서) '씨발'이라며 욕을 해댔다. 한 남자는 노래 부르기 시작했다." 1930년대를 대표한 영국 시인 딜런 토마스[1914~1953]는 죽음의 길에 들어선 아버지를 보며 이렇게 썼다. "순순히 영면하러 가지 마세요. / 날이 저물 때 노인은 욕하고 소리 질러야 해요. / 빛이 스러지는 것에 분노하고 분노하세요. // 비록 종말에 이른 현자들이 어둠이 옳다는 것을 알지라도 / 그들의 말은 어떤 번개도 일으킨 적이 없으니, / 순순히 영면하러 가지 마세요."

죽음을 생각함으로써 우리가 희망해도 좋은 것은 무엇인

죽음이 온다 살아야겠다

가? 남은 삶이 얼마나 소중한지 새삼 인식하고 그로써 삶의 본질에 좀 더 다가가려 애쓰는 것? 우리의 삶과 죽음을 좀 더 다면적으로 살펴보는 것? 그로써 어떤 도그마에도 휘둘리지 않는 것? 그로써 우리가 아는 것들에 대해 좀 더 회의하고 좀 더 겸손해지는 것?

논점은 이것이다. 모든 삶은 한시적이다. 그리고 어떤 삶도 단 한 번으로 끝난다. 삶의 모든 순간은 더없이 귀하며, 죽음을 앞둔 삶은 더더욱 그렇다. 그러니 삶의 어떤 시간도 허투루 살기를 원하지 않는다면, 더 나아가 좀 더 적극적으로 자신의 삶을 자신이 생각하기에 가장 값있고 의미 있게 살기 원한다면, 그렇게 살다가 죽기를 원한다면 무엇이 우리 자신에게 가장 만족스러운 삶인지 분명하게 생각하고 그에 따라 가차 없이 실행하는 것이 옳고 지혜롭다. 우리가 항차 겪어야 할 죽음을, 더 정확하게 언제든 맞을 죽음 앞의 삶을 생각하는 것은 결코 소홀할 수 없는 가장 중차대한 일이다. 소크라테스의 말이 표표하다. "검토하지 않은 삶은 살 가치가 없다."

2.
무엇이 좋은 죽음인가?

'좋은 죽음' 혹은 '죽음' 자체에 대해 우리는 무엇을 알 수 있는 가? 우리는 언젠가 죽으리라는 사실을 잘 알 뿐 아니라 거기에 대해 한 점의 의혹도 없다. 그런데 이 지점에서 매우 흥미로운 점은, 우리는 그 사실을 '그저 알 뿐' 결코 실감하지 않는다는 것이다. 더 정확히 말해 실감하고자 해도 우리는 죽음을 결코 실감할 수 없다. 죽음은 경험의 대상일 수 없기 때문이다. 감 각할 수 없는 것은 구체성을 결여하고, 추상에 갇힌 얇은 현실 의 삶과 무관하다. 그러한 까닭에 철학자들은 죽음을 다만 신 비 또는 수수께끼 혹은 (우리가 결코 포착할 수 없는) 절대적 타 자로 다룬다. 죽음에 대해 우리가 알 수 있는 것은, 죽음은 미 지의 사태라는 사실뿐이다.

　죽음을 파악하고자 할 때 우리가 마주치는 문제는 그뿐이

　　　　　　　　　　　　　　　죽음이 온다 살아야겠다

아니다. 인간의 마음을 평생 연구한 정신분석의 아버지 지그문트 프로이트[1856~1939]는 이렇게 썼다. "죽음은 자연적이며 부인할 수도 피할 수도 없다. 우리는 그런데 현실적으로는 마치 그것이 다른 것인 양 행동하는 데 익숙하다. (⋯) 마음 깊은 곳에서는 누구도 자신의 죽음을 믿지 않는다. 혹은 달리 말하자면 무의식에서는 우리 모두 각자 자신의 불멸성을 확신한다." 죽음을 맞은 이들의 일거수일투족을 기록한 글들을 보건대 심지어 죽음의 사신이 코앞에 와 있는데도 거의 대부분 자신의 죽음을 확실하고 임박한 사태로 인식하지 않는 것을 보면 프로이트의 말이 백 번 옳은 듯싶다.

　무의식의 층위에서 너는 몰라도 '나'는 불멸의 존재라고 확신한다면 죽음은 나와는 아무 상관없는 일이다. 너의 문제일 뿐이다. 그러니 죽음을 파악하려는 모든 시도는 난관에 부딪힌다. 더더구나 '좋은 죽음'의 문제는 더 그렇다. 그런데도 적지 않은 연구자가 '좋은 죽음'에 대해 연구하기를 그치지 않으며 그것에 대해 뻔한 말들을 널어놓는다. 집에서 죽기, 사랑하는 이들에 둘러싸인 채 죽기, 큰 고통 없는 자연사 등인데, 그러한 목록은 응답자의 깊은 생각에서 나온 진술이라기보다 동서양 다를 바 없이 누구나 떠올릴 법한 흔한 답변이다. 그러한 말들은 죽음이라는 사태를 참으로 진중하게 받아들여 의료 도움을 포함한 이러저러한 변수들을 냉정하고 곰곰이 따져 나온 판단이라기보다 일생에 단 한 번 관통하는 바로 그 순간마저 편하고자 하는 일상의 관성에서 나온 범속한 생각에 가깝다. 게다가 그 셋은 마지막 순간까지 누리고 싶어 하는 '보편적 웰빙'에 속하지 개별자가 가장 맞닥뜨리고 싶어 하는 좋은 죽음이 아니다.

죽음이라는 일생일대의 사건(최고의 특이성)을 웰빙의 관점(일상성)에서 조망하는 것이 과연 적실하고 온당한가? 마땅히 따져봐야 할 사안이지만, 그리하는 것은 그리 접해보지 못했다. 고독사를 최악의 죽음으로 치부하는 우리 사회의 인식과 대치되는 일본 사회학자이자 여성학자 우에노 지즈코[1948~]의 『집에서 혼자 죽기를 권하다』는 극히 예외적이다. 미국 철학 교수 벤 브레이들리[1971~]가 쓴 다음의 글은 '좋은 죽음'이라는 문제가 과연 성립할 수 있는지 깊은 생각에 잠기게 한다.

"어떤 이들은 자신의 죽음 방식에 대해 크게 염려한다. 예컨대 어떤 이는 질병이나 '자연적인' 원인들로 죽는 것보다 어떤 악한 자에 의해 살해 당하는 것을 훨씬 더 심란하게 생각한다. 나도 그러한 감정들을 때때로 공유하는데, 그러면서도 나는 그것들이 나쁜 죽음과는 아무 상관없다고 생각한다. 다른 것들이 다 마찬가지라고 보는 에픽테토스는 그 점에서 옳았다. 죽음의 원인은 그 희생자에게 그러한 죽음이 얼마나 나쁜지와 관련해 어떤 것도 다를 바 없다. '죽는 과정'이 얼마나 나쁜지만 문제될 뿐이다."[1]

죽음의 사태에서 중요한 것이 '죽는 과정'이라면, 그리고 그것이 좋기보다는 나쁜 경험에 속한다면 그 과정은 짧을수록 좋을 것이다. 로마 지도자 가이우스 율리우스 카이사르[기원전 100~기원전 44]가 "예측되지 않은 가장 짧은 죽음"을 가장 좋은 죽음으로, 그리고 로마 정치가이자 군인, 학자로 총독을 역임한 가이우스 플리니우스 세쿤두스[23~79] 또한 짧은 죽음을 "인생의 최고 요행"이라고 말한 것을 보면 죽는 것을 나쁜 경험으로 여기는 우리의 무반성적 생각과 대체로 일치한다.

미국 소설가이자 수필가, 예술평론가, 극작가, 연극연출가, 영화감독, 사회운동가 등으로 살다 죽은 수전 손택[1933~2004]은 그러한 생각에 결연히 맞섰다. '대중문화의 퍼스트레이디', '새로운 감성의 사제', '뉴욕 지성계의 여왕', 인권과 사회 문제에 거침없는 비판과 투쟁으로 맞선 '행동하는 지식인', "예술에 온 정신이 팔린 심미가"이자 "열렬한 실천가"로 불리기 원했던 손택, 『Figuring』의 저자 마리아 포포바[1984~]가 "위대한 개인적 영웅"이자 "지난 세기 가장 영향력을 끼친 지성인 중 한 사람"으로 꼽은 손택, 그녀는 말년을 병원에서 사투하다 병원에서 죽었다. 케이티 로이프[1968~]는 저서 『Violet Hour: Great Writers at the End』에서 죽음을 맞은 그녀의 삶의 이력과 과정을 우리에게 소상히 알려준다.

로이프에 따르면 죽을 고비를 두어 번 넘긴 손택은, 자신

---

1 Ben Bradley, *Well-Being and Death*, Oxford University Press, 2009, p.179.

의 일흔두 번째 생일을 한 달여 앞둔 생의 마지막 순간까지 치열하게 죽음과 싸웠다. 유방암 4기를 진단 받은 사십 대 초반의 그녀는 모든 의사가 희망이 없다고 했지만, 죽음을 순순히 받아들이지 않고 공격적인 치료에 나서서 결국 죽음을 이겨냈다. 그리고 몇 년 후 『뉴욕타임즈』와 가진 인터뷰에서 죽는 것은 멋진 일이라고 했다. 삶에서 정작 중요한 것이 무엇인지, 죽음 앞에서 첨예하게 인식할 수 있었기 때문이며, 죽음에 대한 인식으로 삶을 어느 때보다 밀도 있고 강도 높게 살 수 있었기 때문이다. 그녀는 다음처럼 말했다.

"그것[죽음]은 내 삶에 맹렬한 강도를 보태주었으며, 즐거웠다. (…) 죽게 된다는 것은 멋진 일이다. 죽음은 진정 삶의 우선 과제들을 갖게 하고, 그것들을 매우 생생히 따르게 해준다. (…) 2년 이상이 지나고 나서는 그와 같은 위기를 느끼지 않는다. (…) 그러한 모종의 위기의 감정을 유지하고 싶다."

8년쯤 후 그녀는 다른 지면에서 이렇게 썼다. "(…) 죽어가는 것은 놀랍도록 멋지다. (…) 미친 말로 들린다는 것을 알지만, 때때로 나는 그것[죽어감]이 멋진 경험이라 생각한다."

일흔한 살에 백혈병을 진단 받은 손택은 자신의 아파트를 의학연구소로 만들어 세 번째 투병에 나섰다. 육십 대 중반

죽음이 온다 살아야겠다

에 진단 받은 자궁암도 이겨낸 그녀는 이번에는 행운이 따르지 않는다고 느꼈지만, 활기찬 그녀의 삶을 느닷없이 덮친 죽음의 그림자에 결코 순순히 갇힐 수 없었다. 그녀는 또다시 가차 없이 싸웠다. 그리고 그녀의 나이대 대부분 온당하지 않거나 감당할 수 없는 극단적인 치료에 임했다. 심지어 그 와중에 "카라오케"라는 말이 들어간 제목의 일본에 관한 소설 집필에 몰두했다. 오십 대 나이에 이른 그녀의 아들은 이어지는 그녀의 치료에 대해 매우 회의적이었지만, 그녀의 삶과 죽음의 방식을 지지하는 것을 자신의 역할로 삼아 묵묵히 지원했다.

죽음과 싸우는 그녀의 정신은 놀라웠다. 아들을 포함해 주변의 모든 사람, 그리고 자신의 몸마저 자신이 죽어간다는 것을 알고 있는데, 그런데도 그녀는 자신이 이례적인 존재로서 이번에도 살아남을 것이라는 믿음을 굳게 지닌 채 가혹한 치료를 선택해 견뎌나갔다. 그녀의 의사는 이렇게 말했다. "그녀는 죽을 준비가 되어 있지 않다. (…) 내가 그녀를 처음 만났을 때부터 그녀는 차라리 해보다가 죽을 것이라는 것을 알았다." 마지막 치료가 실패한 후 그녀가 특히 좋아했던 의사 보조사가 이제는 영혼의 가치에 집중하는 시간을 가져보면 어떻겠느냐고 하자 자신은 영혼의 가치를 갖고 있지 않다며, 그리고 다시 그가 그렇다면 친구와 함께 시간을 보내면 어떻겠느냐고 하자 자신은 친구가 없다며 쏘아붙였다. 손택은 마지막 순간까지 가능한 모든 방법으로 죽음에 맞서 싸웠다. 그녀의 생의 마지막 순간들을 지켜본 아들은 이렇게 말했다. "계속 살아가는 것, 아마 그것이 그녀의 죽는 방식이었으리라."

만약 손택이 "묵묵히 고요하게" 죽어가는 것을 좋은 죽음이라고 한 몽테뉴의 말처럼 사십 대에 홀연히 찾아온 그녀의 저승사자를 순순히 맞았다면, 그리고 그리해서 이내 죽었다면 그 죽음이 30년 후의 죽음보다 더 좋다고 할 수 있을까? 우리가 생명을 최고의 가치로 삼는다면 마지막 순간까지 사력을 다해 생명을 붙잡고자 애쓰다 죽은 그녀의 죽음을 나쁘다고 할 수 있을까? 그리 말하는 것이 과연 온당할까?

죽음과 삶은 대척의 관계다. 죽음이 싫다면 그것은 그만큼 삶이 좋다는 것이며, 죽음이 좋다면 삶이 그만큼 나쁘다는 것이다. 모든 형태의 자기살해는 차라리 죽는 게 사는 것보다 낫다는 생각에 근거한다. 그와 달리 어떤 조건에서든 생존을 이어가는 우리는 '개똥밭을 굴러도 이승이 좋다'는 속담처럼, 그리고 '산 개가 죽은 사자보다 낫다'는 성경의 말씀처럼 죽음을 사력을 다해 피한다. 사는 것이 죽는 것보다 낫기 때문이다.

그런데 빼어난 사상가들은 대개 죽음을 긍정할 뿐 아니라 희한하게도 때때로 좋아하기까지 한다. 소크라테스는 죽음을 안도安堵로 여겨 고대했고, 삶을 고통으로 여긴 석가모니는 종국적이고 절대적인 절멸을 최고의 선으로 삼았으며, 아우렐리우스를 포함한 스토아 철학자들은 죽음을 받아들일 뿐 아니라 우주적으로 정당한 자연법칙의 일부로 여겨 사랑했다. 또한 장자

죽음이 온다 살아야겠다

는 아내의 죽음 앞에서 항아리를 두드리며 노래를 불렀다고 전해진다. 몽테뉴는 철학적 지혜를 죽음의 수용과 동일시했으며, 현대 죽음학의 거봉 퀴블러 로스는 죽음을 "한 집에서 더 아름다운 집으로 옮겨가는 것" 혹은 고치가 나비로 태어나는 것과 같다고 했다. 그들이 죽음에 맞서기보다 기꺼이 순응하는 것은 죽음 자체가 아니라 죽음 이후의 상태가 더 좋다고 믿기 때문이다. 더 나은 사후의 삶에 대한 신앙의 불가사의한 힘에 의해서다.

　그런데 그와 달리 이승의 삶이 저승보다 좋은 사람에게는 '좋은 죽음'이라는 개념이 성립할 수 없다. 이승의 삶이 단절되어 저승으로 가는 것은 무조건 나쁘기 때문이다. 저승보다 이승이 좋으니 마땅히 100년이든 200년이든 오래 살수록 좋은데, 죽음의 사건이 아득하게 멀어지면 열정이 옅어지거나 사라진다는 둥, 권태로 삶의 질이 갈수록 나빠질 것이라는 둥, 그래서 심지어 삶이 무의미해져 죽고 싶을 것이라는 둥 따위를 경고한다. 카렐 차페크[1890~1938]가 쓴 희곡이자 그것을 바탕으로 레오시 야나체크[1854~1928]가 예순여덟 살 되던 해에 작곡한 오페라 〈마크로풀로스 재판〉의 이야기가 대표적으로 그러하다. 삶의 가치와 의미는 오직 죽음에 의해 부여된다는, 표면적으로는 그럴 듯하지만, 따져보면 근거가 부실하다.[2]

2　자세한 내용은 다음 책을 보기 바란다. Ingemar P. Linden, *The Case Against Death*, The MIT Press, 2022.

우선 앞서 언급한 프로이트의 주장처럼 나에게 죽음은 늘 남의 일이지 나와 무관하다. 나 또한 언젠가 죽으리라는 사실을 한 점 의심 없이 받아들이지만, 내면 깊은 곳에서 나는 불멸하다. 죽음은 다만 막연하다. 단적으로 실존의 구체성을 결여한다. 게다가 열정이든 사랑이든 의미든 우리의 삶에서 발견하는 모든 긍정의 가치는 죽음이라는 극적 사태와 무관하다. 사랑이 그렇듯 과학, 예술, 철학, 종교 등 자기초월의 영역에 대한 열정은 죽음의 문제와 상관없다. 또한 삶을 욕망하는 현재의 이유들로써 불확실한 미래의 삶의 상태를 판단하는 것은 성급한 일반화의 오류다. 지난 300년을 보면 쉽게 알 수 있듯 300년 이후 기술이 초래할 세계의 변화는 가히 상상조차 하기 어려우며, 그로써 지금 여기 찾아볼 수 없는 다른 형태의 욕망들(예컨대 화성 여행)이 생길 수 있으리라 전망하는 것은 그리 억측이 아니다. 게다가 300년을 사는 동안 나(의 몸, 정신, 자아, 욕망 등) 또한 어떻게 변할지 알 수 없다. 손택이 죽음 앞에서 얻은 삶의 맹렬한 강도와 생생한 위기감은 죽음으로부터 벗어나는 순간 사라지는 잠깐의 경험에 불과하다. 간이 망가져 죽음의 외길에 접어들면서 삶의 태도가 근본적으로 변한 한 지인이 중국에서 불법 간이식에 성공한 후 이내 이전의 삶으로 돌아가듯 이례적이고 잠정적이며 일회적이다.

대부분의 사람이 그렇듯 죽음을 문제로, 문제를 넘어 걱정으로, 걱정을 넘어 두려움으로 여긴다면 그것은 우리가 그만큼 삶을 소중히 여긴다는 방증이다. 개똥밭을 굴러도 이승이 좋기 때문이다. 따라서 삶을 사랑하는 사람들이 자연히 취하는 죽음에 대한 관심은 '덜 나쁜' 죽음이다. 죽음은 어떤 이유로든 받아들이기 싫지만 피할 수 없으니, 우리의 마음은 그나마 그 거리낌을 줄이는 쪽으로 향할 수밖에 없다. 그리고 그 길은 선택의 자유와 두려움의 극복과 맞닿는다. 죽음이 나쁜 것은 선택의 여지가 없다는 것, 그리고 두렵다는 것, 바로 그 두 사실에서 비롯하기 때문이다.

3.
죽음의 두려움

우리 모두 죽음이 두렵다. 죽음을 미학화하거나 찬미하는 것은 죽음이 두렵기 때문이다. 죽음을 '영면(영원한 잠)'이라거나 '돌아갔다' 등으로 표현하는 것은 죽음이라는 말이 풍기는 불편한 기미를 지우고 싶어서다. '웰 다잉'은 '좋은 죽음'이라는 말보다 확실히 덜 불편하다.

죽음은 왜 두려운가? 이유는 크게 두 가지다. 첫째는 역사(문화)적이며 둘째는 본능이다. 필리프 아리에스[1914~1984]를 포함해 죽음의 역사를 연구한 학자들에 따르면 전통 사회에서 죽음은 주변 사람들이 지켜보는 가운데 가족이 주제하는 빈번한 일상의 사건이어서 익숙하고 길들여진 것인 반면, 현대는 죽음이 병원이 처리해야 할 사안이 되면서 생활 세계에서 분리된 금지된 사태다. 오늘날의 (내가 아니라 너의, 그러므로 나에게는 일어날 수 없고 일어나면 안 되는) 죽음은 잠깐 일상에서 벗어나 소비 사회의 틀 안에서 효율적이고 말끔하게 처리하고 다시 일상으로 복귀해야 할 얼굴 없는 추상이다. 과학의 비약적 발달로 수명이 길어지고, 심지어 냉동 기술이 불멸의 희망까지 품게 하는 이 놀라운 세계에서 '나의 죽음'이라니, 생각하기조차 싫고 상상만으로도 두렵다. 죽음의 두려움은 또한 본능의 발로다. 지렁이가 그렇듯 살아 있는 모든 존재는 위해危害를 필사적으로 피한다. 생명 유전자에 그리하는 프로그램이 내장되어 있다고 말할 수 있겠는데, 그리하지 않으면 종種의 존속이 어렵기 때문이다. 우리가 죽음을 두려워하는 것은 당연하고 자연스럽다.

두려운 대상 앞에서 우리가 취할 수 있는 태도는 두 가지다. 하나는 피하는 것이고, 다른 하나는 맞서는 것이다. 아무리 고통스럽더라도 진실에 복무하는 것을 자신의 책무로 여기는 작가들은 대개 후자에 속한다. 플로베르, 투르게네프, 콩쿠르, 알퐁스 도데, 에밀 졸라 등의 "느슨한 작가 집단"은 저녁식사 모임에서 "순서에 따라 다정한 방식으로" 죽음에 대해 논의했다. 사소한 사건으로 청춘의 나이에 불시의 죽음을 맞은 동생을 지켜본 몽테뉴는 '죽음의 일상화'야말로 불가피한 죽음에 대한 최상의 반격이라 믿었다. 말에서 떨어지거나 지붕 타일이 떨어지면 그때마다 죽음을 떠올리는 방식으로 "죽음의 맛을 입술에 지니고 죽음이라는 말을 혀에 올려"둔 채, 그러니까 그런 식으로 죽음을 늘 예견하며 살아야 죽음의 예속에서 자유로워진다고 생각했다. 양배추를 심는 것과 같은 일상의 삶을 사는 와중에 죽음을 맞기를 희망한 그는 말년에 수많은 질병으로 고통 받고서 예순 번째 생일을 6개월 남겨둔 시점에 두려움을 보이지 않은 채 죽었다고 전해진다.

살아생전 "위대한 현자great elder"로 추앙 받은 레프 니콜라 예비치 톨스토이[1828~1910] 또한 중년부터 죽을 때까지 늘 죽음에 대해 생각했다. 그리고 죽음에 대한 지혜의 말을 여기저기 남겼는데, 말년의 글에서 이렇게 썼다. "조만간 우리 모두에게 죽음이 찾아오리라는 사실은 누구나 알고 있다. 잠잘 준비, 겨울날 준비는 하면서 죽을 준비를 하지 않는 까닭은 무엇인가. 올바로 살지 못하며 삶의 법을 깨뜨린 사람만이 죽음을 두려워한다."[3]

톨스토이의 삶과 죽음은 어땠을까? 러시아 사회주의 혁명가이자 프롤레타리아 문학의 선구자 막심 고르키[1868~1936]는 이렇게 썼다. "그는 일평생 죽음을 두려워하고 증오했다." 오십 대 초반에 정신의 위기('살아야 할 가치가 아무것도 없는 상태')를 누구보다 혹독하게 겪은 톨스토이는 그후 자기구원의 문제에 매달렸다. 체념의 감각을 체득하고자 애썼지만, 죽음에 대한 생각이 말년까지 공포를 불러일으켰다. 그가 죽기 직전의

---

3 레프 톨스토이, 『살아갈 날들을 위한 공부』, 이상원 옮김, 조화로운 삶, 2007.

죽음이 온다 살아야겠다

해에 그와 대화를 나눴던 노벨 생리의학상을 수상한 유산균 과학의 아버지 엘리 메치니코프[1845~1916]는 회고록에서 톨스토이의 철학적 활동 배후의 일차적 동기는 죽음의 두려움이라고 썼다. 노년기의 고독과 자기완성, 그리고 자기 자신으로부터 벗어나 영원하고 무궁한 전체와 합일하기의 덕목을 종종 강조한 톨스토이는 죽기 열흘 전에 가출해 시시각각 언론과 세계의 눈이 지켜보는 가운데 작은 시골 기차역 관사에서 모르핀 주사를 맞고 죽었다.

평생 죽음이 두려웠던 톨스토이는 죽음의 두려움을 이기기 위해 온갖 생각의 술책을 썼다. 한편에서는 죽음 이후 전개될 사태에 대해 궁금해선 안 된다고 종종 주장하면서도, 다른 한편으로는 그와 달리 장자의 호접몽처럼 죽음을 잠(꿈)에서 깨어나는 것, 씨앗이 과일에서 떨어져 대지에서 다시 생명을 얻는 것, 물방울이 대양에 합류하는 것, 사람들로 붐비는 방에서 꽃이 만발한 정원으로 나가는 것 등으로 비유했다. 그리고 삶은 오직 죽음의 맥락에서만 이해할 수 있다고 주장하며, 죽음을 공간, 시간, 분리된 개별 자아 등 물질적 '제약들'을 극복하는 수단, 곧 물질주의 세계관을 논박하는 궁극적 심급으로 삼았다. 그러한 관점에서 삶을 "일정하고 점진적인 자기발견의 과정"으로 규정하고, 노인을 "인류의 도덕적 진보의 소지자"로 여겼다. 그리고 죽음에 이르는 과정에 불가피하게 발생하는 노화와 질병을 도덕적이고 영적인 성숙 과정으로 이론화하는 데까지 나아갔다. 그리하여 말년에 걸작 『안나 카레리나』의 플롯도 기억하지 못하고, 심지어 자신의 비서도 누군지 몰랐지만, 그는 진정한 영성은 육체가 무너짐으로써 달성된다고 합리화하며 그러한 일들을 환대했다.

톨스토이의 그러한 희망사항 wishful thinking 은 다음과 같은 자신의 철학에 위배된다. "죽음은 그것이 무엇을 위한 것인지 알면 늘 쉬운 일이며, 그것을 달성하는 최상의 방도는 자신의 자아로 하여금 선명성을 잃도록 놓아두고, 사후 세계와 관련된 주제넘은 호기심을 포기하는 것이다." 20세기의 위대한 물리학자 스티븐 호킹은 이렇게 썼다. "나는 두뇌를 구성 성분들이 망가질 때 작동을 멈추는 컴퓨터로 간주한다. (…) 완전히 망가진 컴퓨터에는 천국이나 사후 세계 같은 건 없다. 그것은 어둠이 두려운 사람들을 위한 동화 속 이야기다." 예일대학교 철학 교수 셸리 케이건[1956~]도 비슷하게 생각한다. 그에 따르면 우리는 매우 특별하고 놀라운 기능을 수행하는 '기계'이며, 육체가 더는 기능할 수 없게 되는 것이 죽음이다. 그는 책 『Death』에서 이렇게 썼다. "나는 죽음이 정말 끝일 것이라고 생각한다. 나의 끝, 그리고 내 개인성의 끝. 내가 보기에 그것은 단순한 사실이다. 죽음은 끝일 것이다." 기계 인간 안드로이드 양이 정확히 그렇다. 영화 속 인물인 양은 한국계 미국인 영화감독 코고나다의 〈애프터 양(알렉산더 와인스타인의 원작 「Saying Goodbye to Yang」)〉에서 더는 기능할 수 없게 되면서 종말을 맞는데, 죽음 너머에 다른 세계가 있다고 믿고 싶어 하는 인간과 달리 그는 죽음 이후에 아무것도 없다는 사실을 담담하게 받아들인다.

케이건은 "죽음의 두려움은 타당하지 않은 반응"이라고 생각한다며 앞의 책을 이렇게 마무리했다. "이 책을 통해 삶과 죽음의 사실들에 대해 여러분 스스로 생각하기를 청했다. 그보다 더 죽음을 두려움 없고 환상 없이 대하기를 청했다." 그에 따르면 죽음에 대한 두려움이 타당할 조건은 세 가지다. 첫째, 두려워하는 것이 나빠야 한다. 둘째, 그 나쁜 것이 발생할 가능성이 무시할 수 없는 정도라야 한다. 셋째, 그 나쁜 것이 진짜 발생할 여부가 어느 정도 불확실해야 한다. 내가 생각하기에 죽음은 극히 예외적인 경우가 아니고서는 무조건 나쁘고, 죽음이 발생할 가능성은 백퍼센트이며, 그것이 진짜 나쁘게 발생할지 여부는 죽음의 주체가 일인칭이 될 수 없는 한 확실히 불확실하다. 따라서 죽음에 대해 우리가 두려워하는 반응은 그의 주장과 달리 타당하다.

줄리언 반스 또한 이렇게 썼다. "그것[죽음의 두려움]은 세상에서 가장 합리적인 것이다. 어떻게 이성이 이성의 종말을 합리적으로 혐오하고 두려워하지 않을 수 있겠는가?" 반스는 죽음을 대하는 사람들을 네 범주로 나눈다. "신앙이 있기 때문에 죽음을 두려워하지 않는 자들"과 "신앙이 없는데도 죽음을 두려워하지 않는 자들"은 두려움의 부재라는 점에서 도덕적으로 상위다. "신앙이 있는데도 오래된 동물적, 합리적 두려움을 없앨 수 없는 자들"은 그 다음이며, "죽음을 두려워하며 신앙이 없는 우리"는 마지막 위치인 이른바 메달권 바깥이다.

죽음이라는 벽 뒤에는 아무것도 없다는 물질주의자의 일원론. 육체의 사멸에도 영혼이 존속한다는 영혼주의자의 이원론. 과학적으로 입증할 수 없는 이 두 형이상학적 관점 중 두려움을 다스리기 다소 쉬운 쪽은 후자다. 죽음이란 '더 좋은 세계 혹은 상태'로 나가는 문이라는 식으로 우리의 '희망사항'에 부합하는 픽션을 '의심 없이' 받아들이면 죽음은 도리어 기쁘게 맞을 일이기 때문이다. 문제는 절대 확신 바로 맹신이다. 이성적인 인간이 이성적으로 포착할 수 없는 일이나 대상에 대해 백퍼센트 믿는 일은 거의 불가능하기 때문이다. 합리적 추론(얕은 피질을 지닌 전두엽)으로 그 하부에 도사리는 파충류(생존을 관장하는 뇌간)와 늑대(감정을 관장하는 변연계)의 영향력을 온전히 장악하는 것은 불가능하다. 그런 까닭에 말(머리)로는 그렇다 해도 몸은 그렇지 않기 십상이다. 따라서 죽음의 두려움에서 자유롭게 되기는 극소수의 천재 신앙인이 아니고서는 영혼주의자도 불가능하다.

물질주의자나 이성주의자가 대개 그렇듯 과학을 인식의 궁극의 판관으로 삼는 사람들이 더러 있다. 개중에도 어떤 이는 진실이라고 판단되지 않는 사태는 유보할 뿐 결코 받아들이지 않는다. 그리하여 영혼 불멸이나 사후생의 관념은 합리

죽음이 온다 살아야겠다

로 시시비비를 가려낼 수 있는 사안이 아닌 까닭에 죽기까지 거부하는데, 그로써 죽음이 몰고 올 절대적으로 불확실한 어둠을 혹자는 커피 한 잔 마시듯 가볍게 넘기고, 혹자는 두려움에 떤다. 전자에 속하는 스코틀랜드 불가지론 철학자 데이비드 흄[1711~1776]은 죽음의 일화로 유명하다. (대장암으로) 죽음을 목전에 둔 것이 확실한 시점에도 그가 과연 불신자의 입장을 견지할지 주변의 모든 사람이 궁금해했다. 특히 그 문제에 온통 신경이 쓰였던 당대 전기 작가 제임스 보즈웰[1740~1795]은 흄이 죽기 한 달여 전 어려운 기회를 만들어 그를 방문해 평소에 늘 감질내던 사후생에 대해 물었다. 흄은 이렇게 대꾸했다. 불 속에 던진 석탄은 타지 않을 가능성이 있겠지만, 우리가 영원히 존재하리라는 생각은 가장 터무니없는 환상이다. 기독교 신앙을 철저히 회의했던 흄의 평화롭고 경쾌한 죽음은 당대 큰 스캔들을 일으켰다. 18세기 유럽 계몽주의를 상징하는 대표적 사상가 볼테르[1694~1778]는 흄과 달리 공포와 절망 속에서 끔찍하게 죽었다. 신을 한사코 부정한 그를 무척 싫어했던 모차르트는 이렇게 말했다. "신을 믿지 않는 천하의 악한 볼테르가 개같이, 짐승같이 죽었다. 그것이 그의 대가다."

알프레드 노스 화이트헤드[1861~1947]에 따르면 이성은 삶의 기술[art]을 증진시킨다. 단순히 생존할 수 있게 할 뿐 아니라 (더) 잘 살게 한다. 그것이 이성의 본디 기능이다. 그렇다면 죽는 과정도 삶이니 이성이 제대로 작동한다면 우리는 그로써 죽음의 두려움을 없애거나 줄일 수 있을 것이다. 설령 그럴 수는 없더라도 악화시키지는 않을 것이다. 이 관점에서 우리는 볼테르를 비이성적인 인물로 판단할 수 있는데, 이성적이며 합리적 사고의 선두주자로 알려진 그는 세계를 과학 정신으로 세탁하고자 했다. 프로이트가 과학을 사적私的 종교로 삼았다면, 비과학적 삶의 방식을 이성이라는 매스로 모조리 도려내기를 꿈꾼 볼테르는 가히 이성의 폭군이라고 할 수 있다. 그는 이성이 다룰 수 없는 종교적 진리를 부정하고 미신의 원천으로 여긴 종교적 열정을 이성으로 치료해야 할 질병(광신)으로 대할 만큼 비이성적이었다. 한계를 모르는 이성은 또 다른 광기다.

더 나은 삶으로 인도하는 이성은 윌리엄 제임스1842~1910처럼 삶의 근본 문제를 접근할 때 이성 너머의 모든 것에 등을 돌리기보다 그것(예컨대 믿음의 효과)을 심각하게 숙고한다. 우리(삶)가 이성에 복무하는 것이 아니라 이성이 우리(삶)에게 복무해야 마땅하기 때문이다. 그보다 더 결정적으로 인간은 이성적이면서 그와 동시에 동물적 존재이기 때문이다. 삶과 세상은 이성으로 파악할 수 없고, 이성으로 어찌할 수 없는 것들로 넘친다. 비이성적 요소를 "인간 삶의 가장 필수적 부분"으로 삼은 프로이트의 애제자 오토 랑크1884~1939는 그것을 인정하고 수용하기를 호소했다. 그는 이렇게 썼다. "인간은 심리학 너머에서 태어나고 심리학 너머에서 죽지만, 오직 자신의 중요한 경험, 종교적 용어로 말하자면 계시, 회심 또는 중생

죽음이 온다 살아야겠다

을 통해서만 그 너머에서 살 수 있다."[4] 그에 따르면 죽음의 정복은 "가장 높고 덜 물신적인 수준에서 자연의 위대함에 굴복함으로써만" 가능한데, 이것은 사랑의 최대 확장 혹은 창조적 형식의 달성과 맞닿는다.[5] 에고가 삶과 죽음의 중핵인 셈인데, 죽음의 두려움이라는 문제에서 특히 그렇다. 우리가 죽음에서 두려워하는 것은 죽음 자체라기보다 그 때문에 초래되는 자아의 소멸, 곧 '나'라는 존재가 완전히 멸실되어 이 세계에 더는 존재하게 되지 않는 것이기 때문이다.[6]

4   Otto Rank, *Beyond Psychology*, Dove Publications, 1941, p.16.

5   Ernest Becker, *The Denial of Death*, The Free Press, 1973, p.174.

6   인간의 존속 본능은 무엇보다 강하다. "대부분의 지구인은 천국보다 환생의 개념을 좋아한다." 〈ABC 이브닝 뉴스〉의 여론 조사에 따르면 90퍼센트의 대중이 천국을 믿는다. Robert L. Park, *Superstition: Belief in the Age of Science*, Princeton University Press, 2008, p.87.

4.
에고의 문제

"죽음이 있을 때 나는 없고, 내가 있을 때 죽음이 없다.
그러므로 죽음에 대해 걱정하는 것은 소용없으며, 영혼의
고요를 달성할 수 있는 유일한 방도는 사후 세계에 대한
갈망을 없애는 것이다."

죽음을 논의할 때 종종 언급되는 에피쿠로스학파의 유명
한 진술이다. 이 진술은 때때로 죽음의 두려움이 비합리적이
라는 주장의 근거로 쓰이는데, 논리적으로는 그럴싸하지만 따
져보면 어불성설이다. 우리에게 죽음의 문제는 죽음이라는 사
건에 한정되는 것이 아니라 죽는 과정이 포함되는데, 그 진술
에는 우선 그것이 누락되어 있다. 죽음 앞에서 죽는 과정은 도
외시한 채 죽음만 고민하는 사람은 아마도 죽음 연구자들 말

고는 없으리라. 그리고 우리가 두려워하는 대상은 우리가 인식하고 느낄 수 있는 죽기까지의 사태이지 죽음 자체가 아니다. 죽음은 응당 누구에게도 말을 건네지 않는다(고 여긴다). 설령 건데라도 죽은 자는 들을 수 없으니 아무 소용없다. 죽음이 있고 내가 없는 순간은 마치 기하학의 점과 선처럼 현실성이 없다. 현실적으로 무의미하다. 그런데 죽음과 죽은 이후에 대해 인간은 티끌 하나 알 길이 없지만, 우리의 생활 세계에 점과 선과 원 등이 도처에 있듯(피자pizza는 원이며 쭉 뻗은 길은 선이다) 우리의 관심은 죽기까지뿐 아니라 죽음과 죽음 이후까지 미친다. 붙잡을 수 없는 것에 대한 갈망과 갈 수 없는 곳에 대한 그리움은 인간의 천부적 속성이다. 인간은 형이상학적 존재다.

사후 세계에 대한 갈망이 없으면 고요하게 죽을 수 있다는 주장도 설득력이 변변찮다. 도리어 우리가 죽으면 "낡은 고통에 시달리는 몸"을 버리고 "새 몸"을 얻는다거나 죽음을 "진정한 실존의 본성을 깨우치기 위한 일생의 단 한 번 기회"[7]라고 믿는다면 죽음에 대해 나쁜 감정을 가질 이유가 없기 때문이다. 소크라테스가 독배를 기꺼이 마실 수 있었던 것도 '삶을 치유하는 잠'인 죽음을 통해 생전의 불완전한 영혼이 다시 깨

---

7   Philip Kapleau, *The Zen of Living and Dying: A Practical and Spiritual Guide*. Shambhala, 2014.

어나 마침내 순수한 선의 세계에 이를 수 있다고 믿었기 때문이다. 실증적 연구에 따르면 사후 세계를 믿을수록 죽음을 덜 두려워한다. 임상적 죽음을 겪고 살아난 사람들은 삶과 죽음에 대해 온전히 다른 태도를 지닌다. 그들은 내적으로 하나의 새로운 삶을 경험하면서 죽은 후에 의식(영혼)이 지속된다고 믿으며 결코 죽음을 두려워하지 않는다. 우울할 때 잿빛이던 세상이 사랑에 빠지면 아름답게 보이듯 임상적 죽음의 상태에서 그들은 타자와 자연과 우주와 '연결되어 있음'을 느낀다.

죽음이 주는 끔찍한 불안이나 두려움은 자연스럽고 합리적이다. 자신을 인식하는 모든 생명체는 '자기-보존'이 생물학적으로 설정되어 있으며, '나'라고 부르는 에고는 "죽으면 안 돼!"라는 "매우 강한 생물학적 명령"의 감정을 지니고 있기 때문이다. 죽음이 두려웠던 사람들이 임사 체험 상태에서 평화로운 것은 그들이 두려움의 뿌리인 에고에서 벗어났기 때문이다. 프랑스 정신요법 의사이자 학자 익냐스 렙[1909~1966]에 따르면 "죽음에 대한 신경증적 두려움은 인간의 개인성의 감각과 밀접하게 관계된다. 자신을 집단의 한 구성원이라기보다 한 사람의 개인으로 더 의식할수록 죽음의 두려움이 더 크다."

고통의 뿌리는 에고다. 요가철학, 불교, 심리학 등 마음을 꿰뚫는 모든 지혜가 그 한 문장으로 압축된다. 우리가 겪는 대개의 고통은 우리의 에고가 만들어내는 생각과 감정 탓이어서 깨달음을 얻는 일은 바로 에고를 멸하는 일이기도 하다. 혹은 자아나사상이 그렇듯 에고를 높은 수준으로 끌어올리는 일이다. 그런데 동양의 수많은 각자覺者에 따르면 없애야 할 '나'는 본디 없다. '나'라는 에고는 과학이나 철학의 견지에서도 실상이 아니라 허상인데, 문제는 현실이다. 살아가는 일은 에고 없이는 불가능하기 때문이다. 따라서 어떤 사태에서든 마음의 평정을 얻기 위해서는 에고를 잘 다루는 것이 관건이다. 자아통합ego integrity과 죽음의 두려움은 반비례한다는 에릭 에릭슨1902~1994의 가설은 실증적으로 꾸준히 확증된다. 자아를 내려놓는 겸손한 사람은 악의 위협에 덜 취약하다는 가설도 그렇다.

'나'는 무엇이며 어디에 있는가? '나'라 부를 수 있는 것은 뇌뿐 아니라 이 세상 어디에도 없다. 신경과학에 따르면 의식이 경험하는 '나', 곧 "현상적 에고"는 뇌의 특정한 곳이 아니라 수많은 영역이 활성화하는 "하나의 전체로서의 개인"이라는 "내적 이미지"다. 정신분석에 따르면 에고는 무엇보다도 신체적 감각에서 산출되는 '신체적 에고'로서 마음이 만들어내는 사회적 가면이다.

마음 연구자들은 에고(자아)를 '자신self, 自身'에게서 생겨난 '자신'의 부분으로 개념화한다. 에고가 의식의 영역에 자리 잡은 현상적 '나'라면, '자신'은 무의식의 영역에 존재하는 존재적 '나'로서 그것을 프로이트는 이드id(본능적 에너지), 라캉은 욕망, 그리고 융은 도道, 아트만atman, 예수, 부처 등으로 갈음할 수 있는 '진정한 나'로 간주한다. 기독교의 "내 속에 살아계신

그리스도"와 불교의 "현실화된 불성"이 그것에 상응한다. 그리하여 에고가 '자신'을 인식하는 상태를 깨달음이라 부르는데, 그 상태의 에고는 스스로를 내적 실재와 외적 실재를 묶는 매듭이 되어 '자신'의 역할을 수행한다.

니체에 따르면 나(에고)의 진정한 주체는 나의 신체(자신)다. 내가 무언가를 생각하거나 어떤 행동을 할 때, 나는 '내'가 그것을 하고자 해서 한다고 여긴다. 그런데 생각이든 행동이든 '하고자 하는 그것'을 하는 것은 나의 신체(자신)이지 '나'가 아니다. 재채기하는 것은 내가 아니라 나의 몸인데도 언어의 문법에 길들여진 나는 '나'를 자연스럽고 당연한 동사의 주어로 여겨 그 생각과 행동의 주체로 착각한다. 나의 신체가 아니라 에고를 주어로 내세워 나의 몸이 아니라 내가 물을 마시고 내가 배설을 하고 내가 잠을 잔다고 여긴다. 그래도 이렇게 주장할 수 있겠다. "생각하는 것은 나다." 그 주장에 대해 니체는 이렇게 반박한다. "맞다, 네가 생각한다. 그러나 너는 '그것'이다. 너는 생각이며, 그 이상이 아니다!" 생각하는 것은 네(에고)가 아니라 생각들, 곧 "생각들이 너의 머리를 관통하도록 놓아두는 것"이라는, 곧 내가 생각이라는 행위를 하는 것이 아니라 생각이 발생하도록 두는 것이라는 말이다. 내가 나의 신체(가 하고자 하는 일)에 대해 할 수 있는 것이란 기껏 통제 혹은 방치뿐이다.

"작은 이성small reason"과 "큰 이성great reason"이라는 니체의

개념은 나의 진정한 주체가 에고가 아니라 '자신'이라는 사실을 이해하는 데 도움이 된다. 모든 살아 있는 신체는 "큰 이성"이라 불리는 자기 자신의 법칙에 따라 움직인다. 인간의 정신은 신체를 지배하는 듯 보이지만, 신체가 운용하는 "큰 이성"의 "도구"다. 니체는 차라투스트라를 통해 이렇게 말한다. "나의 형제여, 그대의 신체 도구는 그대가 '정신'이라 부르는 그대의 큰 이성의 작은 도구이자 노리개인 그대의 작은 이성이기도 하다. (…) 그러나 (그대가 믿고자 하지 않는) 더 위대한 것은 큰 기제의 이성을 지닌 그대의 신체다. 그것은 '에고'를 말하지 않지만, 에고를 행한다." "하나의 통일체로서 이해되는 신체"의 표현 혹은 표상인 '자신'은 에고에게 이렇게 말한다. "고통을 느껴라! 그러자 고통을 겪고, 그것을 어떻게 끝낼 수 있을지 생각하며, 바로 그 목적을 위해 생각하도록 의도된다. (…) 즐거움을 느껴라! 그러자 즐거워하고 (…)" 신체는 의사소통을 가능하게 하는 '자신'을 생산함으로써 "나를 행한다."

그리고 니체에 따르면 다른 사람들과 구별되는 '개인'이라는 생각은 오류다. 우리는 우리 안에 발생하는 모든 것을 모른 채 '나'라는 환영으로 산다. 개인은 그저 "진정한 생명체"의 한 부분이며, 우리는 "한 나무의 싹들"일 뿐인데도 말이다. 우리의 신체-정신 유기체는 자연의 한 부분이다. 그리하여 그는 이렇게 권고한다. "'나'와 '너'를 넘어서라! 우주적으로 느껴라!"

고통과 두려움의 근원인 에고로부터 해방되는 길은 우선 에고가 허상이라는 것을 인식하는 것이다. 그리고 우리는 마치 바다를 이루는 물방울처럼 자연 또는 우주의 한 부분이라는 것을 느끼고 의식할 수 있다면 그리하는 것이 매우 효과적이다. 많은 현자와 여러 민족이 그리 생각해왔다. 스토아학파는 우리가 마치 하나의 아치를 지지하는 여러 돌처럼 전체의 부분들일 뿐이라는 점을 강조하고, 미국 인디언은 그들이 죽고 나면 자신들의 조상이 생겨난 대지로 돌아간다고 생각한다.

핵심은 의식이다. 의식이란 세계의 나타남으로서 그 안에 우리를 위치시키는 것이 본질적인 특징 중의 하나다. 의식에 관한 한 과학은 여전히 초기 단계인데, 불교(에 대한 필립 카플로의 이해)에 따르면[8] 세상에는 아홉 층위의 의식이 있다. 오감이 다섯 층위, 지성이 여섯 번째, 에고가 일곱 번째, 의식의 저장소가 여덟 번째, 그리고 무한한 대양과 같은 순수 의식이 마지막 층위다. 그리고 여덟 번째와 아홉 번째 층위는 매우 밀접해 구별하기 어렵다. 거기서 각 개인의 삶은 순수 의식이라는 바다의 파도다. 양자물리학의 창시자로 노벨 물리학상을 받은 에르빈 슈뢰딩거[1887~1961]의 직관도 다르지 않다. 그는 이렇게 썼다. "모든 의식은 본질적으로 하나다. (…) 외부 세계와 의식은 동일한 단 하나다. (…) 그것(개별 정신)의 복수성은 그렇게

8 앞의 책.

보일 따름이며, 진실로 오직 하나의 정신만 있다." 그러니 우리가 만약 순수 의식으로 고양될 수 있다면 임상적 죽음을 체험한 사람들처럼 우리 또한 자아가 절멸되는 것을 두려워하지 않을 수 있을 것이다. 혹은 덜 두려워하거나 심지어 해방감을 느낄 수도 있을 것이다. 따라서 좌선, 선禪 공부, 명상 등을 통해 우리가 자연 혹은 우주의 의식으로 확장할 수 있다면 그리하는 것이 최선이겠다.

에고의 해방은 확장뿐 아니라 응축의 운동을 통해서도 이룰 수 있다. 에고를 나 바깥의 존재에 내맡김ecstasis으로써 확장하거나 나의 내면에 침잠함enstasis으로써 응축하는, 그러니까 전자가 자신 바깥의 존재(신, 자연 혹은 우주)에 빙의하는 샤머니즘과 유사한 형태라면, 후자는 온 의식을 자신의 내면에 집중하는 명상의 형태다. 전자가 자신 너머의 신이나 우주(자연)와 일체가 되는 경험이라면, 후자는 자신의 내면 깊은 심연에서 깨우치는 자기소멸의 경험인데, 대립을 회통하는 윌리엄 블레이크1757~1827는 이렇게 썼다. "모래 한 알에서 세상을 보고 / 들꽃 한 송이에서 천국을 보려면 / 그대의 손바닥에 무한을 / 그리고 한 시간 속에 영원을 담아라." 어떤 쪽이든 마음 공부 전문가가 아니고서는 실천하기 어렵지만, 우리가 거기서 얻어야 할 중요한 깨달음은 단단한 과일의 씨와 같은 우리의 에고를 어찌해서든 좀 허물어야 한다는 것이다. 에고를 둘러싼 벽에 작은 문이라도 만들어 안과 밖이 흐를 수 있도록 해야 한다는 것이다. 그때 우리는 '나'라는 집착에서 풀려나기 때문이다.

우리에게는 적어도 한 번은 그리하지 않으면 죽을 듯 꼭 쥐고 있던 자신의 에고를 망각한, 그리고 때때로 망각하는 잠깐의 경험이 있다. 인간의 가장 위대한 행위인 사랑을 통해서 인데, 그로써 우리는 인식과 행위의 중심을 특정한 대상으로 옮겨 탈脫중심화 상태에 머문다. 긍정성이론의 창안자 바바라 리 프레드릭슨[1964~]이 제시하듯 사랑을 '성적 욕망이나 혈연의 유대'가 아니라 타자와 맺는 '연결됨'의 감정으로 보면[9] 그로써 나의 경계가 느슨하고 투과성이 증대되어 나 주변에 대한 인식, 심지어 나 자신의 감각이 확장된다. 그로써 마음이 열리고 융통성이 생기며 창조적으로 바뀌어 우리의 삶을 더 높은 단계로 상승시키며 우리를 더 나은 존재로 바꾼다. 사랑 또한 우리를 어떤 큰 존재의 부분으로 느끼게 하는 초월의 경험, 곧 나 바깥의 존재(들)와 연결되는 하나 됨의 감각을 손으로 만지 듯 하는 것을 가능하게 해줌으로써 에고(에 대한 집착)가 낳는 불안과 두려움에서 우리를 해방시킨다.

윤리적 인식과 행위는 또 다른 경로다. 질 들뢰즈[1925~1995]

---

9 프레드릭슨은 사랑을 다음의 셋이 밀접하게 짜인 사태의 찰나적 용승의 상태로 제시한다. "첫째, 당신과 다른 사람 간의 하나 이상의 긍정적 감정들(기쁨, 즐거움, 감사, 희망 등)의 공유, 둘째, 당신과 다른 사람 간의 생화학과 행위의 공시 상태, 그리고 셋째, 피차의 웰빙을 위해 애쓰고자 하는 상호 챙김을 낳는 반영된 동기." Barbara L. Fredrickson, *Love 2.0: How Our Supreme Emotion Affects Everything We Think, Do, Feel, and Become*, Hudson Street Press, 2013, p.17.

의 "고통 받는 동물은 인간"이라는 고통의 연대감, "반항한다. 고로 '우리'가 존재한다."고 일갈한 알베르 카뮈[1913~1960]의 억압에 맞서는 반항의 연대감, 몰락하고 사그라지는 존재에 대한 안타까움과 경외감 등이 그렇다. '지금'을 영원의 시간으로 바꾸는 '마음 챙김'처럼 그것들은 모두 무한을 갈망하는 영성의 삶의 일부다.

5.
자발적 죽음

2022년 9월 13일, 프랑스-스위스 영화감독 장 뤽 고다르 1930~2022가 아흔한 살의 나이로 죽었다. 1950~1960년대 누벨 바그를 이끈 그는 언론 보도에 따르면 도움을 받아 집에서 평화롭게 죽었다. '조력 자살'인데, 그의 변호사 잔느레는 이렇게 말했다. "그는 아프지 않았으며, 단지 소진되었다. 그래서 그는 끝내기로 결정을 내렸다. 그것은 그의 결정이었으며, 그것을 알리는 것은 그에게 중요했다." 고다르가 기념비적 작품인 〈영화의 역사들〉에서 자신의 책꽂이에서 꺼내 낮은 목소리로 제목을 읽고서 다시 제자리에 꽂는 책의 저자 아서 쾨슬러 1905~1983도 그와 비슷하게 죽었다.

　　과거의 적지 않은 문인처럼 헝가리 태생의 영국 소설가, 저널리스트, 비평가 쾨슬러는 1983년 일흔일곱 살에 자살했다. 아내와 함께 그리했다. 말년에 파킨슨병에 시달린 그는 다른 병이 더 생긴 절망적 상태에서 자신을 통제할 수 없게 될 모욕을 피하고 싶어서였다. 다음은 그가 남긴 노트의 일부다. "이 노트의 목적은 (…) 내가 다른 누구의 지식이나 도움 없이 (…) 자살하고자 하는 것을 분명히 하는 것이다. (…) 나의 삶을 끝내기로 결정한 이유는 단순하고 강력하다. 파킨슨병과 서서히 죽이는 다양한 혈액암. (…) 나는 탈-개인화된 사후 세계에 대해 약간의 소심한 희망을 안고 평화로운 마음으로 나의 동반자들을 떠난다. (…) 어려운 순간순간 '대양감'이 종종 나를 떠받쳐왔으며, 이 글을 쓰는 지금도 그렇다. 이 마지막 단계를 취하기가 어려운 것은 나 이후에 살아 있을 친구들, 무엇보다도 나의 아내 신시아가 겪게 될 고통에 대한 반성이다."(밑줄은 필자의 것) 이 글 아래 다음의 문장이 첨가되었다. "1982년 6월에 쓴 위의 글 이후 나의 아내는 34년간 (나와) 함께 작업한 후 내가 죽은 이후의 삶을 직면할 수 없다고 결정했다." 그리고 아내 신사아의 작별 노트가 나타난다. "나는 우리 앞에 놓인 죽음과 죽는 행위 둘 다 두렵다. (…) 그러나 나는 어떤 개인의 역량에도 아서 없이는 살 수 없다. 이 중 자살은 결코 나의 관심을 끈 적 없지만, 이제 아서의 불치병들이 아무것도 할 수 없는 단계에 도달했다."

소련 비판서로서는 지금까지 가장 영향력 있는 작품 중의 하나로 알려진 『한낮의 어둠』을 남긴 쾨슬러. 그가 끔찍한 고통을 못 이겨 자발적 죽음을 택하며 남긴 글에서 유독 나의 눈길을 끄는 문구는 '대양감oceanic feeling'이다. 무한한 수평선을 가만히 응시할 때 혹은 밤하늘의 무수한 별을 홀로 올려다볼 때 느끼는 외부 세계와 내가 하나의 전체가 되는 영원성 혹은 무한성의 감각을 뜻하는 대양감. 그의 고백에 따르자면 그것은 자신이 어려울 때뿐 아니라 삶의 마지막 순간까지 버티게 해준, 말로 다할 수 없는 소중한 경험이다. 게다가 그로써 그가 약하게나마 "탈-개인화된 사후 세계"에 대한 희망까지 품을 수 있었으니, 그것은 얼마나 중요한 실존의 버팀목인가.

그런데도 비과학적 영역에 대해 한사코 몸을 움츠렸던 프로이트는 그것을 "유아적 퇴행"으로 격하했다. 그의 정신분석학이 지닌 한계를 일깨우기 위해 "서구의 종교적 영혼과 아시아의 위대한 정신 양자에서 발견되는 대양감의 풍요롭고 이로운 힘"을 서신을 통해 소개하고자 했던 노벨 문학상 수상 작가 로망 롤랭[1866~1944]이 결국 헛수고를 한 셈이다. 과학주의에 자신의 정신을 단단히 정박한 프로이트가 무지ignorance와 앎의 망각not-knowing의 차이를 식별하지 못했기 때문이다. 그것을 "전/초오류pre/trans fallacy"라는 용어로 표현한 켄 윌버[1949~]는 이렇게 썼다. "전前이성적 상태와 초超이성적 상태 모두 각자의 방식으로 비이성적인 까닭에 소인의 눈에는 그것들이 유사하거나 심지어 동일하게 나타난다."[10]

아파서가 아니라 (삶의 에너지가) "단지 소진되었다."는 이

---

10   Ken Wilber, *The Essential Ken Wilber: An Introductory Reader*, Shambhala, 1998, p.88.

유로 삶을 "끝내기로 결정"한 고다르의 조력 자살은 삶의 의미를 되묻도록 우리를 추궁한다. 우리는 어떤 삶의 에너지로 살고 있는가? 몽테뉴는 다음의 일화로써 고다르와 똑같은 질문을 부추긴다. 카이사르는 햇볕에 그을린 호위병이 이제 떠나게 해달라고 청하자 노쇠한 몸과 거동을 보고서 이렇게 말한다. "네가 아직 살아 있다고 생각하는구나." 그저 생명만 이어가는 것은 삶이 아니라는 것, 그러니까 삶이란 살 만한 무엇을 행하며 사는 것이라는 말인데, 특별히 살 만한 무엇을 행하며 살지 않는 수많은 사람이 듣기에 잔혹하기 짝이 없다. 고다르가 죽음을 결행한 것이 정확히 카이사르의 논리인데, 그에 따르자면 살 가치가 없을 때 우리는 죽는 것이 좋다.

생물학적 죽음을 두려움 속에 맞기 전에 행하는 자발적 죽음. 자신이 죽어야 할 때를 알고, 시간과 장소와 방식 등을 자신이 결정해 죽는 일은 얼마나 멋진가. 원치 않는 죽음을 수동적으로 당하기보다 죽음의 사태를 자신이 온전히 장악해 자신이 원하는 대로 능동적으로 삶을 고요히 마감하는 일은 얼마나 자유롭고 홀가분한가. 거장 영화감독 빌 어거스트[1948~]의 〈사일런트 하트〉가 보여주듯 자발적 죽음은 원치 않는 죽음의 방식을 결단코 거부하는, 달리 말해 죽는 순간까지 자신이 생각하는 인간의 품위를 유지하고자 하는, 오직 인간만 실행할 수 있는 '인간적인 너무나 인간적인' 죽음이다. 그로써 죽음을 마지막 삶의 프로젝트로 삼아 온 의지로 그것을 실행해내는, 죽음을 자연이 아니라 인간이 장악하는 참으로 실존주의적인 존재 형식이다. 어떤 행위에 온전히 헌신하면 죽음이 두렵지 않게 된다고 한 사르트르의 말처럼 그로써 죽음이 두렵기는커녕 절대적 긍정으로 평화롭다. 예수는 하늘이 내린 십자가를 메고 가 거기 매달리고, 소크라테스는 온전한 선의 세계를 고대하며 기꺼이 독배를 마시고, 석가모니는 여든에 더 살 수 있었지만, 돼지 도살꾼 쿤다가 대접한 마지막 음식이 치명적이라는 것을 알고서도 자비의 마음으로 먹고 죽음의 세계로 성큼 내디뎠으니, 과연 위대한 인물들이다.

표면적으로는 병사病死 다시 말해 자연사自然死이지만, 자발성의 기색이 완연한 죽음도 있다. 죽음에 이르는 과정을 꼼꼼히 정리한 케이티 로이프의 글을 보면 대중의 사랑을 듬뿍 받은 시인 딜런 토마스1914~1953의 죽음에는 짙은 자발성의 기색이, 죽음 충동의 정신분석 창시자 프로이트의 죽음에는 흐린 자발성의 기색이 어린다. 오랫동안 만성 불면을 술로 다스렸던 토마스가 음주로 그리했다면, "삶의 목표는 죽음"이라고 쓴 정신분석의 아버지 프로이트는 흡연으로 그리했다.

토마스는 특히 죽기 전 몇 주간 '죽기 살기'로 술을 마셨다. 혼수 상태로 죽은 그를 검사한 의사에 따르면 심각한 뇌 손상을 야기한 "뇌 조직의 직접적 알코올 독성"이 죽음의 원인이다. 동시대 시인 존 베리먼1914~1972은 이렇게 썼다. "딜런은 술로 자살했다. 몇 년 걸렸지만." 그런데 로이프에 따르면 자신의 상태를 잘 안 토마스는 마냥 죽기 위해 애쓴 것이 아니다. 죽기 전 몇 주간 심하게 그랬지만, 그는 거의 평생 한편으로는 과음으로 자신을 괴롭히고 악화시키면서, 다른 한편으로는 틈틈이 새로운 여자와 성의 즐거움을 만끽하며 행복감에 젖었다. 그의 거친 삶은 늘 쾌락과 고통이 공존하는 괴이한 생기로 진동했다. 그 와중에 그는 글을 쓰는 동안 평화로웠고 오직 그때만 삶의 목적을 느꼈는데, 6년간 시 여섯 편만 쓸 정도로 잘 써내지 못해 자신은 실패했다고 느꼈다. 그는 이미 최고의 시들을 써냈지만, 1년 내내 단 한 편의 감상적인 시 말고는 아무것도 못 썼다고 친구에게 썼다. 시인에게 좋은 시를 이제 못 쓸 것이라는 두려움은 죽음의 두려움보다 컸으리라.

프로이트는 육십 대 후반에 진단 받은 구강 백반증으로 임박한 죽음을 확인했다. 그리고 때가 오면 죽음을 도와줄 것을 의사에게 청했다. 흡연이 건강과 병을 악화시킨다는 사실을 정확히 알았지만, 그리고 의사들이 금연을 강력히 촉구했지만, 그는 흡연을 멈추지 않았다. 심지어 그 때문에 후두암이 커진 사실을 알고서도 의사에게 알리는 것을 미룰 만큼 흡연은 삶의 기쁨이며 활력이었다. 일종의 '죄' 혹은 악이면서 그와 동시에 리비도, 곧 진정한 주체의 표현이며 몸짓이었던 셈이다. 그런데 죽어가는 그의 태도에서 내가 알게 된, 그리고 전율을 느낀 점은 자신이 죽는 과정을 명철하게 인식하기 위해 마지막 순간까지 애써 기어코 그리했다는 것이다. 그는 죽기 몇 달 전, 특히 강한 방사선 치료 이후에 찾아든, 대부분의 사람이 견뎌낼 수 없는 고통을 피하지 않았는데, 입속이 괴사하고 볼에 구멍이 나 썩는 냄새가 진동해 애견마저 그를 피했다. 의사들과 주변 사람이 진통제를 권했지만, '맑게 생각하기 위해' 아스피린 말고는 거부했다. 그리고 죽기 이틀 전 모르핀을 맞기까지 생각을 기록하고 정리하며 위대한 에세이를 내는 데 몰두했다. 그뿐 아니라 방사선 치료 후에도 환자를 받아 실무를 중단 없이 해나갔다. 그 와중에 친구에게 보내는 편지에 이렇게 썼다. "맥베스 왕이 말한 것처럼 일하다 죽자."

몽테뉴가 쓴 글에 나오는 고대 로마 키케로의 친구 티투스 폼포니우스 아티쿠스기원전 110~기원전 32의 죽음은 자발적 죽음의 극치다. 일흔일곱 번째 생일 직후 대수롭지 않은 병에 걸린 아티쿠스는 3개월 후 갑자기 상태가 악화되었다. 그러자 친구 몇 명을 불러 이렇게 말했다. "병이 나아도 얻을 것이 별 없고, 생명을 연장하려는 노력은 고통 또한 연장하고 키우는 일이니 자발적으로 죽겠다. 그러니 나의 의도를 존중해 헛수고하지 말아 달라." 죽기 위해 단식에 들어갔는데 뜻밖에 병이 나았다. 의사와 친구들이 매우 기뻐하며 파티라도 할 심사였지만, 그는 이미 죽기로 했으니 그 뜻을 변함없이 관철하겠다며 계속 식음을 전폐해 죽었다.

목숨만 이어가는 연명 치료가 그렇듯 자발적 죽음은 '살만한 삶'의 가능성이 깡그리 사라졌을 때 비로소 소정의 정당성을 획득한다. 그때 그것은 한 개인이 자신의 존엄을 지키기 위한 순수하고 최종적인 자유의 실행으로, 다른 사람이 가타부타할 일이 아니다. 삶이 그렇듯 죽음 또한 전적으로 개인의 몫이다.

그런데 '살 만한 삶'의 정도는 개인마다 다르다. 작업(창작)이 생명보다 소중한 사람이 있는 반면, 낭포성 섬유증이라는 불치병으로 코에 산소 튜브를 낀 채 고통에 시달리며 죽어가는 상황에서도 "자신이 뿌듯해할 수 있는 삶을 살면 된"다는 사람이 있다. 존재감을 상실하는 수치를 겪느니 세계로부터 물러나기를 바라는, 노예로 살기보다 자유인으로 죽기를 바라는 사람이 있는 반면, '살아 있음'에 대한 감각만으로도 기꺼이 살아내고자 하는 사람이 있다. 언제 끝날지 모르는 아우슈비츠 감옥 생활을 어떤 이유로든 기어이 살아내는 사람이 있는 반면, 못 견뎌 죽거나 죽어가는 사람이 있다. 빅터 프랭클[1905~1997]이 몸소 증언했듯 최악의 삶의 상황에서도 어떤 사람은 성자의 영혼으로 살고, 어떤 사람은 돼지의 몸으로 산다. 이 두 경우 중 첫째에 속하는 사람은 소수다. 절대 다수의 사람은 후자에 속한다.

니체는 "사는 이유를 아는 사람은 어떤 방식(의 삶)도 견딜 수 있다."고 했다. 고통 자체가 문제가 아니라 고통의 (무)의미가 문제라는 말인데, 자발적 죽음이 정확히 그렇다. 그것은 대개 물리적 문제가 아니라 물리적 문제와 결구된 마음 혹은 정신의 문제에서 비롯하기 때문이다. 아우슈비츠와 같이 지극히 열악하고 폭력적인 삶도 견디게 하는 것은 마음이다. 우유 반 잔을 두고 누구는 반이나 남았다고 하고, 누구는 반밖에 남지 않았다고 하듯 똑같은 상황을 우리는 낙관적으로도 비관적으로도 볼 수 있다. 어떤 사람은 자존심에 목숨을 걸고, 어떤 사람은 자존심을 낡은 모자나 넥타이 버리듯 대수롭게 여긴다. 어떤 사람은 남의 시선을 자신의 몸보다 무겁게 받아들이는, 그래서 자신의 죽음'마저' 품위 있게 혹은 '상스럽게 보이지 않게' 하고자 사력을 다하는 반면, 어떤 사람은 그것을 터럭 대하듯 하는, 그래서 죽는 순간까지 자신의 욕망에 충실하게 살고자 애쓴다. 노무현 전前 대통령은 공개적 치욕을 겪지 않으려 죽음을 선택했지만, 전두환 전前 대통령은 수치와 모욕 속에서도 자연사로 생을 마감했다.

자발적 죽음은 결국 여생에 대한 가치 판단에서 비롯한다. 더 나빠질 뿐 아니라 어디를 둘러봐도 그 길밖에 보이지 않는데도, 도무지 인간적인 삶으로 받아들일 수 없는 여생만 보이는데도 기죽지 않고 삶을 이어가는 것은 응당 힘들다. 그 이전에 그랬듯 의연하고, 심지어 당당하게 살아가는 것은 상상컨대 나로서도 거의 불가능할 듯싶다.

그런데 관점을 이렇게 바꾸어 생각해볼 수 없을까. 좋은 삶이든 나쁜 삶이든, 칭송 받는 삶이든 경멸 받는 삶이든, 사랑 받는 삶이든 저주 받는 삶이든 삶이란 무릇 귀한 것이니 삶

죽음이 온다 살아야겠다

이 부분적이 아니라 총체적으로 귀하다면 모든 삶(의 형태와 내용), 곧 삶의 모든 스펙트럼을 귀하게 받아들여 끝까지 살아내는 것이, 그러한 인식으로 몸이 바스라지고 무너져 어찌할 수 없을 때까지, 그리하여 운명이 생명을 거둘 때까지 살아내는 것이 옳다고 생각할 수 있지 않을까? 자신이 살아온 삶의 질적 수준보다 낮은 삶을, 더 나아가 바닥을 치는 삶을 못 견뎌 하기보다 그것 또한 떼어낼 수 없는 자신의 귀한 삶의 한 부분으로 여겨 기꺼이 껴안는 아모르파티의 삶 또한 참으로 인간적인 삶이라 할 수 있지 않을까? 기쁨뿐 아니라 슬픔과 고통도 가치 있게 경험해야 할 삶의 부분으로 받아들여야 한다고 말할 수 없을까?

핵심은 이것이다. 모든 인간은 제각기 다르고 고귀하다. 그런 까닭에 삶과 죽음을 평가하는 잣대는 세상 누구도 아니라 오직 당사자 개인에게 귀속되어야 마땅하다. 자율은 존엄성의 절대적 토대다.

6.
죽음을 통해 다시 생각하는 삶

처음으로 돌아가 우리는 왜 죽음에 대해 생각해야 할까? 죽음
은 피할 수 없는 삶의 마지막이자 가장 진중한 사건인데도 우
리는 죽음을 삶의 공간에서 말끔히 치운 채 마냥 외면하며 살
기 때문이다. 그로써 귀한 순간들을 귀하게 살지 않은 채 흘
려보내기 때문이다. 삶이 경박한 것은, 그리고 가난한 것은 바
로 그 때문이다. 우리는 죽음에 대한 예리한 의식이 없이는 죽
는 순간까지 삶을 의미 있고 충만하게 살기 어렵다. 프로이트
는 이렇게 썼다. "삶의 게임에서 최고의 위험, 곧 목숨이 경각
에 달려 있지 않을 때, 삶은 궁핍하고 흥미를 잃는다. 말하자
면 파트너 양자가 심각한 결말을 늘 마음에 두어야 하는 대륙
의 연애와 대조적으로, 아무것도 일어나지 않는 것을 처음부
터 이해하는 미국의 불장난처럼 삶이 얕고 공허하게 된다."

죽음이 온다 살아야겠다

우리의 삶이 슬픈 것은 체스처럼 잘못된 단 한 수로 실로 막중한 것을 잃을 수 있으면서도 체스와 달리 다시 시작할 기회가 없기 때문이다. 회환remorse, 悔恨만큼 가슴 저미는 것이 있을까. 영영 되돌릴 수 없는 시간의 운명에 사로잡힌, 시시각각 불가역의 운동이 저녁 그림자처럼 드리우는 존재는 실존하는 모든 순간이 귀하다. 귀해야 마땅하다. 불에 탄 문종이처럼 오직 덧없이 사그라지는 길밖에 알지 못하는 존재는 그런 까닭에 아름답다. 아름다운 까닭에 슬프다. 온전히 만질 수 없어서 더 아름답다. 우리는 어리석고, 그래서 그때 그것을 보는 눈이, 그때 그것을 느끼는 가슴이 없다. 우리가 수시로 죽음을 떠올려야 하는 것은 바로 그래서다. 로버트 카스텐바움1932~2013은 이렇게 썼다. "우리가 삶을 충만하게 향유하고자 한다면 죽음을 첨예하게 인식해야 한다." 죽음 앞에 가벼운 존재는 없으며, 죽음 앞에 선 존재만큼 무거운 것도 없다. 프로이트는 죽음에 대한 생각을 가장 포괄적이며 본격적으로 정리한 글「죽음에 대한 우리의 태도」를 다음의 문장으로 마무리한다. "삶을 원한다면 죽음을 대비하라."

그러니 자신의 죽음을 남의 일로 여기듯 사는 것은 큰 실수다. 그렇다고 해서 "죽음의 맛을 입술에 지니고 죽음이라는 말을 혀에 올려"둔 채 사는 몽테뉴의 방식도 쉽지 않다. 그리하는 일도 매우 어렵지만, 그로써 자칫 죽음의 두려움 때문에 삶이 쪼그라들 수 있기 때문이다. "죽음의 두려움에 의해 삶

을 형성하는 사람들이 있고, 삶의 기쁨에 의해 삶을 형성하는
사람들이 있다. 전자는 죽어가며 살고, 후자는 살아가며 죽는
다." 호레이스 칼렌[1882~1974]의 말이다. 죽음을 맞이하는 마지막
순간까지 충만하게, 그리고 자신이 살고자 하는 방식으로 충
실하게 사는 것, 그것이 가장 좋은 삶이리라. 그러니 유일하게
온당한 죽음이란 삶을 다 산 사람이 맞는 단순한 한 사건이리
라. 그리하기 위해 우리에게 필요한 것은 꽉 찬 삶에 대한 열정
과 헌신이며, 그것을 실천하는 거침없는 자유다.

　그러니 다시 죽음의 두려움이 문제다. '인류의 현자'라 불
리는 수많은 큰 선생은 죽음에 구속되지 않았다. 어떤 이(소
크라테스)는 마치 대개의 종교적 삶이 그렇듯 죽음 이후의 참
다운 세상을 마음의 눈으로 봄(믿음)으로써, 어떤 이(스토아주
의자)는 냉정한 이성으로 들뜨는 감정을 떼어냄으로써, 또 어
떤 이(몽테뉴)는 죽음의 일상화로써 죽음(의 두려움)에서 자유
로웠다. 범상한 정신은 감히 넘볼 수 없는 경지인데, 우리에게
는 다행히 그 탁월한 선생들에게 닫혀 있던 과학이 다른 길을
열어 보인다. 임상적으로 죽었다가 다시 살아난 사람들의 임
사 체험[near-death experience]이 우선 그렇다. 심장이 마비되면 뇌에
혈류가 멈춰 2초 안에 의식을 잃는다. 10초에서 20초 후에는
대뇌피질의 활동이 사라져 EEG가 수평선이 된다. 뇌간의 활
동도 모두 폐지된다. 그런데 임사 체험 연구에 따르면 2분에서
8분 정도 심장이 멈추거나 5분간 의식이 없거나 3주간 혼수

상태^{coma}에 있던 환자 중 20퍼센트가량이 그동안 지각한 내용을 기억해내며, 그중 90퍼센트가 객관적으로 확증할 수 있는 정도로 정확하다. 흥미로운 것은 임사 체험을 한 사람들이 삶을 대하는 태도가 변한다는 것이다. 임사 상황에서 그들은 모두 자신의 내부에 새로운 생명을 경험할 뿐 아니라 주변의 다른 존재들, 심지어 우주와 연결되고 하나 되는 경험을 통해 영성이 고양되며, 그로써 자비와 무조건적 사랑의 감각이 강화되고 죽음을 더는 두려워하지 않게 된다. 퀴블러 로스의 말처럼 죽음의 문턱은 평화와 희망의 감정이 지배한다. 임사 체험 연구가 주는 또 다른 밝은 소식은 오랫동안 우리가 꺼렸던 비명횡사든 천수를 누린 자연사든 그것이 죽음의 형태와 아무 상관없다는 것이다.

죽음의 사태가 진실로 그렇다면 죽음에 대한 우리의 두려움은 결국 죽음이 아니라 죽는 과정의 문제로 귀착된다. 그런데도 죽음이 여전히 두려운 것은 앞서 언급했듯 에고(에 대한 집착) 때문이다. 임사를 한 번도 경험해보지 않은 우리는 '나'가 소멸되는 것이 두렵다. 사후 세계가 있다면, 영혼이 불멸이라면, 신이 존재한다면 사태가 다르리라. 그런데 그 모든 것이 한낱 근거 없는 희망사항에 불과한 것들이라면.

신, 사후 세계, 영혼 등의 문제를 놓고 수백 년간 긍정과 부정의 의견이 팽팽히 대립해왔다. 작금의 상황도 그러한데, 양측 모두 어느 정도 합리적 논거를 지니며, 어느 쪽도 반대편이 분명하게 잘못이라고 확증할 수 없다. 따라서 궁극적 판단과 선택은 온전히 개인의 몫이다. 대체로 개인의 성향과 맞물린다. 이성의 한계를 중시하거나 영성을 지닌 사람은 긍정의 입장을, 명석판명한 것에 주목하거나 과학적 정신을 지닌 사람은 부정의 입장을 견지한다. 윌리엄 제임스의 관점에서 보자면 전자가 진리를 붙잡기 위해 오류의 위험을 무릅쓴다면, 후자는 오류를 피하기 위해 진리의 개연성에 뛰어들지 않는다. "거짓을 믿기보다 영원히 믿음 없는 편"을 택한다. 이쪽도 저쪽도 택하지 않는 불가지론자 알버트 아인슈타인[1879~1955]은 후자와 다를 바 없다. 불가지론은 진리의 사태와 일정한 거리를 두기 때문이다.

제임스는 오류의 가능성을 끌어안은 채 진리의 개연성에 뛰어든다.[11] "어떤 사실은 첫 단계의 믿음이 존재하지 않고

---

11 제임스는 에세이 「The Will to Believe」를 다음과 같은 피츠 제임스 스티븐의 인용으로 마무리한다. "어떤 사람이 신과 미래에 대해 등을 돌리기로 결정한다면 누구도 그를 막을 수 없다. 누구도 그가 잘못이라는 것을 합리적 의심을 넘어 보여줄 수 없다. 어떤 사람이 그와 달리 생각하고 그가 생각하는 바에 따라 행동한다면 그가 잘못이라는 것을 누구도 증명할 수 있다고 생각하지 않는다. 각자 자신이 최상이라 생각하는 대로 행동해야 하며, 만약 그가 틀리다면 그에게 그만큼 나쁠 것이다. 우리는 눈보라가 휘몰아치고 안개로 앞이 보이지 않는 산길에 서 있는데, 그 사이로 기만적일지 모를 길들을 가끔 일별한다. 만약 우리가 가만히 서 있으면 얼어 죽을 것이다. 만약 우리가 잘못된 길을 택하면 부딪쳐 몸이 산산조각날 것이다. 올바른 길이 있는지 여부에 대해서는 우리가 확실히 알지 못한다. 어떻게 해야 하는가? '강하거라, 그리고 훌륭한 용기를 내어라.' 최상을 위해 행동하고, 최상을 희망하고, 그리고 주어진 것을 받아들여라…. 만일 죽음이 모든 것을 끝낸다면 죽음을 그것보다 더 좋게 맞을 수는 없을 것이다."

죽음이 온다 살아야겠다

서는 절대 도래할 수 없기 때문이며, 어떤 사실에 대한 믿음은 그 사실을 창조하는 데 도울 수 있"기 때문이다. 어떤 남자가 자신이 청혼할 여자가 결혼한 이후에 자신이 생각하는 사람으로 판명될지 결코 확신할 수 없다는 이유로 청혼을 무한정 미룬다면 그에게는 어떤 가능성도 열리지 않는 것과 같은 이치다. 어떤 사람과 사랑하는 연인의 관계를 맺고 싶다면 그 대상이 자신을 사랑하리라는 절대적 확신이 없어도 그에게 먼저 다가가야 한다. 그가 자신을 사랑하리라는 확고한 사실을 확인할 수 없다는 이유로 그에게 다가가지 않으면 어떤 일도 벌어지지 않기 때문이다.

결국 우리는 생물학적 죽음과 무관하게 영혼이 존속한다는 입장 혹은 그로써 영혼도 함께 사라진다는 입장 중 하나를 선택해야 한다. '선택하지 않는 선택'은 앞의 불가지론자처럼 후자에 편입되기 때문이다. 영혼 불멸과 영혼 소멸 중 어떤 입장을 선택하느냐에 따라 우리에게는 전적으로 다른 과제, 곧 전자를 택할 경우 그 믿음을 정당화하고 견고하게 유지하는 과제가, 후자를 택할 경우 '나'가 멸실되는 사건 앞에 마음의 평화를 유지하는 과제가 기다린다.

죽는 과정의 두려움은 또 다른 과제인데, 그것을 다룰 최선의 방도는 사태의 전환이 아닐까 싶다. '죽는 과정'의 문제를 '죽기까지 사는 순간들'의 문제로 바꾸는 것이다. 죽음의 문제를 삶의 문제로 대체해 칼렌의 말처럼 죽어가면서 살기보다 살아가면서 죽는 것이다. 프랑스 정신요법 의사이자 학자 렙은 이렇게 썼다. "나의 확신은 삶에 대한 강렬한 사랑이 아마도 죽음의 두려움에 맞서는 최상이자 유일하게 효과적인 해독제라는 것이다." 우리가 죽으면 모든 것이 사라진다고 절대적으로 확신하는 장 폴 사르트르[1905~1980]의 해결책도 그와 똑같다. 죽음은 무無인 까닭에, 달리 말해 삶에 속하지 않는 까닭에 죽음을 생각하지 않고 오직 삶에 몰두하는 식이다. 삶은 바로 행위이므로 자신이 행하는 행위에 전념함으로써, 그러니까 최후의 순간까지 열심히 삶으로써 죽음의 두려움을 떼어놓는다는 것이다. 미국 시인이자 작가 찰스 부코스키[1920~1994]는 이렇게 썼다. "끔찍한 건 죽음이 아니라 인간들이 죽기까지 살아가는 삶 또는 살아보지 못한 삶이다." 시「세르반테스는 오직 하나」에서 이렇게 썼다. "죽음 그까짓 거, 이봐 형씨들 / 힘든 건 / 삶이라네."

몰두하는 자는 무無시간적 존재다. "몰두는 각각의 프로젝트로써 그때 거기서, 지금 여기서, 우리 자신의 방식으로 우리 각자를 불멸하게 만든다." 사르트르는 그러한 방식으로 자신의 문학과 자신의 생존을 동일시했다. 다시 부코스키의 말이다. "중요한 건 오직 다음 줄이었다. 다음 줄이 풀려나오지 않는다면 기술적으로는 비록 살아 있다 할지라도 난 죽은 사람이었다." 늘 자살을 생각했다는 말년의 그는 "좋은 시 한 편을 쓰고 나면 그 시가 날 계속하도록 지탱해줄 버팀목이 된다."고

죽음이 온다 살아야겠다

썼다. 지난 세기의 위대한 철학자 하이데거가 시인들의 시인이라고 칭송한 프리드리히 횔덜린[1770~1843]은 시 「파르카 여신에게(월터 카우프만 번역)」에서 이렇게 노래했다.

> 단 하나의 여름은 나에게 위대한 힘을 허락하고,
> 단 하나의 가을은 내 연주의 감미로움에 흠뻑 젖어,
> 온전히 익은 노래를 위한 것이니
> 나의 심장은 더 기꺼이 죽을 수 있겠구나.
> 살아서, 신적 권리를 얻지 못한
> 영혼은 아래 세계에서 안식할 수 없으나
> 한번 내가 마음 쏟은 것, 성스러운 것,
> 나의 시가 완성되었다.
> 그러니 그림자 세계의 고요가 환대되어야 하리!
> 내 리라가 거기 아래로 나와 동반할 수 없겠으나
> 나는 만족하리.
> 나는 한 번 신들처럼 살았으니
> 더 필요한 것이 없구나.

살아생전 익명의 시인이었던 그가 기꺼이 죽을 수 있다고 노래한 것은 자신이 완성한 시가 세상의 명성이나 부귀 따위의 결과를 가져왔기 때문이 아니라 오직 자신이 흡족했기 때문이다. 형상을 얻지 못한 채 영혼 깊은 곳에서 머뭇머뭇 갈망

하던 자신의 세계를 지어냈으며, 그로써 그저 느낌으로만 더 듬었던 자신의 영혼의 얼굴을 마침내 명징하게 볼 수 있었기 때문이리라. "우리가 지금은 거울로 보는 것처럼 희미하나 그 때에는 얼굴과 얼굴을 대하여 볼 것이요."(고전 13:12) 말년에 쓴 다음의 글로써 우리는 부코스키도 오직 자신이 흡족할 만한 것을 이루어내는 데 온 마음을 쏟았다고 짐작할 수 있겠다. "난 그 어느 누구와 시합을 벌이는 것도 아니고, 불멸의 명성을 마음에 두는 것도 아니다. 그 따위는 전혀 관심 없다. 중요한 건 살아 있는 동안의 행동이다. (…) 영광은 활기차게 덤벼드는 자의 것이다. 죽음 따위는 엿이나 먹어라."

그런데 죽음을 생각하면서 때때로 끼어드는 염려 중의 하나는 죽음에 대한 모종의 무겁고 진지한 인식과 태도가 삶을 도리어 부박하게 혹은 낭비하게 만드는 것이다. 예컨대 아무리 죽음을 많이 연습한다고 해서, 정말 죽음이 당면한 사람처럼 매 순간을 귀중하게 살아가는 그런 삶을 살 수 있는 것은 아니다. 그런 까닭에 그리하는 것은 부질없다. 관에 눕는다거나 유서를 써보는 것은 그로써 삶을 좀 더 본질에 충실히 살수 있게 할 동기를 부여할 수 있겠지만, 그것도 그때뿐 이내 망각하기 십상이다. 죽는 연기는 죽음을 그저 감상적으로 대하게 할 뿐 아니라 도리어 죽음의 두려움을 키워 삶을 위축시킬 공산이 크다. 뭇 지혜에 따르면 매사가 그렇듯 죽음(뿐 아니라 삶)에 대해 수시로 공부하며 그것과 결부된 이러저러한 문제들을 명철하게 생각할 수 있는 역량을 키우는 편이 천 번, 만 번 합당하다. 감정은 도리어 문제를 흐린다.

죽음에 대한 생각은 결국 삶에 대한 생각으로 귀결된다. 죽음과 관련된 모든 문제는 삶의 문제이기 때문이다. 어떤 삶을 사느냐에 따라 죽음이 큰 문제가 될 수도, 아무런 문제가 되지 않을 수도 있기 때문이다. 참으로 흡족한 삶을 산 사람이라면 죽음이 무슨 대수일까. 그런데 참으로 흡족한 삶이란? 여한 없는 삶을 산 사람에게 죽음이 무슨 위세를 떨칠 수 있을까. 여한 없는 삶이란? 바람 불면 바람 맞고, 비 오면 비 맞듯 두려움을 그렇게 맞는 정신에게 삶이든 죽음이든 무슨 상관이랴. 그런데 비가 오든 눈이 오든, 하늘이 무너지든 땅이 갈라지든 여여^{如如}할 수 있는 삶이란? 우리에게는 삶을 생각하는 시간이 필요하고 또 필요하다.

삶을

생각하는 시간

1.
자기파괴

드문 일이지만 어떤 작품은 단 한 번의 만남으로 두뇌에 예리하게 각인된다. 그리고 귀신 들린 집의 귀신처럼 무시로 출현해 생각을 건드린다. 오스트리아의 한 중산층 가족이 집단 자살한 (아마도 '살해 후 자살'이 더 옳은 표현일 듯한) 실제 사건을 재구성한, 지금은 거장 영화감독이 된 미카엘 하네케[1942~]의 데뷔작 〈일곱 번째 대륙〉이 그중의 하나다. 이 영화는 보자마자 하나의 물음이 마음의 갈고리가 되어 답변을 닦달한다. "도대체 왜?"

영화는 외동딸을 가진 한 부부가 3년에 걸쳐 살아가는 일상을 덤덤하게 보여준다. 일상이 얼추 다 그렇듯 절반을 좀 넘기기까지 지루할 정도인데, 세 명으로 구성된 그 가족은 애정결핍증을 보이는 예쁜 딸 말고는 딱히 이렇다 할 문제가 보이

지 않는다. 그럴 뿐 아니라 도리어 경제적 형편이 조금씩 나아
진다. 3년차에는 호주로 이주할 꿈까지 품는다. 하네케의 말처
럼 영화가 보여주는 앞부분은 선진국에 사는 전형적인 중산층
가족의 보편적 양태인데, 충격은 정확히 거기서 온다. 누가 봐
도 부러운, 지극히 안정된 이 가족이 뚜렷한 이유 없이 후반에
이르러 돌연히 자신들을 파괴하기 때문이다. 자기파괴 행위도
그렇지만, 그것을 수행하는 방식은 더 충격적이다. 딸을 죽인
후 동반 자살로 끝나기 전 그들은 그때까지 살아온 삶을 통째
로 부정하듯 집의 모든 사물을 체계적으로 깡그리 부순다. 그
들이 자신들의 삶의 전면적 파괴를 그때까지 마음에 품은 채
살아왔을 수도 있겠다는 생각이 들면서 의문이 증폭된다. "도
대체 왜?"

우리가 찾아낼 수 있는 유일한 실마리는 희한하게 영화
속 사물들이 왕왕 마치 주인공인 양 화면을 장악하는 데 있다.
자동차 번호판 영상과 그것을 씻는 주유소 세차장의 거친 기
계 소리로 시작하는 영화는 한동안 인물의 얼굴을 보여주지
않는다. 일상의 시작도 사물들이 주도한다. 그리고 인간의 신
체는 그것들의 부속품인 양 부분적으로 나타난다. 쇼핑 행위
도 그렇다. 상품들이 먼저 자리 잡고 나서야 국부적 신체가 뒤
따른다. 무표정한 얼굴로 기계처럼 빨리 움직이는 계산대 점
원은 인간이라기보다 차라리 하나의 기계다. 영화는 얼추 다
그런 식으로 사물들이 화면의 주인공이며, 인간들은 조연^{助演}

죽음이 온다 살아야겠다

같다. 그리하여 영국 치체스터대학교 비판이론 교수 벤야민 노이스는 가족의 운명을 테오도어 루트비히 비젠그룬트 아도르노[1903~1969]의 말에서 찾는다.

"우리는 미카엘 하네케의 첫 번째 영화 〈일곱 번째 대륙〉의 가족의 운명을, 찰스 디킨스의 『오래된 골동품 상점』의 어린 넬에 대해 아도르노가 한 다음의 말로 생각할 수 있다. '부르주아 영역의 사물(세계를 붙잡을 수 없어서 사물) 세계가 그녀를 움켜쥐고, 그녀가 희생된다.' (⋯) 그들의 마지막 자기파괴는 그 세계의 관성에 맞서는 난폭한 반발이나 허무주의적 항의가 아니다. (⋯) 기계적 자살 행위가 나타내는 것은 가족의 자유가 아니라 물건들, 그 가운데서도 죽은 상태의 물건들에 대한 항복이다."

자본주의 체계가 수반하는 '사물화reification'가 범인이라는 것이다. 인간이 물건처럼 '무엇을 위한' 존재, 곧 도구로 전락해 '고유한 주체적 존재'라는 인격을 상실하게 된 것이 문제의 핵심이라는 것이다.

그런데 의문의 갈고리는 그로써 말끔히 해소되지 않는다. 『죽음의 수용서에서』의 저자 프랭클이 자신의 존재로 증언했듯 그보다 더 나쁜, 심지어 나쁜 정도를 넘어 비교할 수 없는 최악의 삶의 상태인 아우슈비츠에서도 삶을 포기하지 않고 끝까지 살아남은 자들도 있기 때문이다. 인격이 온전히 박탈되었을 뿐 아니라 쓸모없는 사물처럼 언제든 폐기 처분이 될 수 있는 환경도 끝까지 오직 자신의 삶의 의지로 관철해온 사람들이 있기 때문이다. 대부분의 사람이 부러워할 만한 삶의 여건을 지닌 사람이 도대체 왜 자기파괴를 도모하는가?[12] '사물화'라는 용의자를 좀 더 파헤쳐보면 답변에 좀 더 가까이 갈 수 있지 않을까.

〈일곱 번째 대륙〉의 부부는 자신들을 둘러싼 세계의 질서에 맞추어 살기 위해 애쓴다. 김혜남 정신분석 전문의는 이렇게 썼다. "자율성은 인간의 중요한 본능적 욕구 중 하나다. (…) 아이를 키우는 과정은 이처럼 뭐든지 제멋대로 하려는 아이를 사회라는 테두리에 맞추어 나가는 것이나 다름없다. 그런데 이 과정에서 과한 통제를 받으면 자율성에 심각한 손상이 생긴다."[13] 세상의 문법에 따라 사는 일은 그것에 어긋나는 자신의 목소리와 감정을 억제하는 삶이어서 생기를 유지하기 힘들다.

부부는 타자의 시선이 매끄럽게 빠져나가도록 차를 세차하듯 감정을 처리한 채 무덤덤하게 산다. 그런 와중에 순조로

---

12 정신과 의사 모건 스콧 펙이 소개하는 스튜어트라는 이름의 환자는 어디로 보나 멀쩡한 삶인데도 "극히 심각한 자살"을 두 번 시도했다. 오십 대 중반의 성공한 산업공학자인 스튜어트는 "자신의 직업에서의 성공과 모범적인 남편과 아버지로 살아왔는데도 자신이 무가치하며 악惡이라고 느꼈다. 그는 이렇게 말했다. '만일 내가 죽는다면 세상이 더 좋은 곳이 되리라.' 그 말은 진심이었다." M. Scott Peck, *The Road Less Traveled*. Simon & Schuster, 1978, p.187.

13 김혜남, 『오늘 내가 사는 게 재미있는 이유』, 갤리온, 2015, 83쪽.

죽음이 온다 살아야겠다

운 일상이 파열되는 것은 세 번이다. 에바의 삼촌이 식사하는 자리에서 갑자기 울음을 터뜨리고, 에바가 거짓 시늉으로 작은 사고를 치며, 에바의 엄마가 운전하면서 도로에 죽은 자를 목격하고서 운다. 겉보기에 이 세 번의 사건은 일회적인 것으로 끝난다. 에바의 작은 사고는 엄격한 훈육으로 다시 질서에 편입하는 방식으로, 나머지 두 경우는 마치 단말마의 경련처럼 억압된 감정이 터져 나옴으로써 자연히 해소되는 방식으로 파열이 봉합된다. 마치 화폐의 교환 가치로 구성된 자본주의 체계에서는 모든 존재가 등가 원리에 따라 대체가 가능하듯 〈일곱 번째 대륙〉의 인물들은 그런 방식으로 각자의 고유성과 자율성이 박탈 당한 채 (한시적으로) 세계의 부품으로 산다.

억압의 근원은 세계(의 이데올로기)다. 제도, 체계, 문화 등은 현실 세계의 그것의 이름이다. 그런데 그것은 형상을 잡을 수 없는 추상이어서 반항이든 대립이든 개인이 어찌할 수 있는 대상이 아니다.[14] 그럴 뿐 아니라 거기에 따라 교육 받고 '정상인'으로 공인 받는 까닭에 세계와 어긋나는 생각이나 감정을 (초자아를 통해) 스스로 억압한다. 세계내존재 혹은 사회적

---

14 사르트르는 인간의 삶을 '자유를 위해 소외와 억압에 맞선 투쟁'으로 본다. 그에 따르면 피억압자는 때때로 억압자의 폭력에 맞서는 대항 폭력의 연대로써만 자유와 인간됨을 되찾을 수 있다. 다른 대안은 없다. 개인은 억압적인 체제에 대해 전적으로 무력하다. 사르트르는 프란츠 파농의 저서 『대지의 저주 받은 사람들』에 쓴 서문에서 알제리 사람들은 억압을 극복하기 위해 폭력을 사용해야 한다고 주장했다.

존재인 인간은 억압의 주체이자 대상이다.

그러나 인간은 절대적 수동성을 견딜 수 없다. 남들과 다른 자신의 욕망을 침묵으로 억제한 채 기성 세계에 마냥 기계 부품처럼 맞추어 생각하고 행동할 수만은 없다. '이름 없는 그들'과 도덕 체계, 한마디로 기성 세계가 자신의 개성에 가하는 사물화의 폭력에 어떤 식으로든 맞서야 한다. 그리고 언어로써든 행동으로써든 자신이 인간이라는 사실을 자신과 타인에게 입증해야 한다.

그런데 나약함, 불안, 무능 등의 이유로 그리할 수 없을 때 인간은 참을 수 없는 고통에 빠진다. 이 상황에서 무력한 인간이 거기서 벗어나기 위해 자신의 '행동의 능력'을 회복하는 방편은 두 가지다. 힘을 지닌 개인이나 집단에 귀의해 그와 동일시하거나 파괴력을 행사하는 것이다. 에리히 프롬[1900~1980]이 '보상적 폭력'이라 부르는 그 파괴력은 능동성의 결여로 불구화된 삶이 초래하는 필연적 폭력, 곧 사물을 초월하고자 하는 인간의 필사적 몸짓이다. 무력한 까닭에 수동적 삶에 내몰리는 개인은 끝내 삶을 파괴함으로써 혹은 죽음을 통해 자신의 인간됨을 구원하기 때문이다.

영화 〈코르사주〉의 주인공인 오스트리아의 황후는 살해라는 역사적 사실과 달리 자살로써 틀에 얽매인 자신의 삶의 운명을 마감한다. 그것은 사실은 아니지만, 거짓이라기보다 마리 크로이처[1977~] 감독이 제시하는 영화적 진실이라고 할 수

죽음이 온다 살아야겠다

있다. 〈일곱 번째 대륙〉의 주인공 또한 그런 식으로 자신의 삶을 구성하는 사물들을, 그리고 더 나아가 사물화된 자신마저 파괴함으로써 자신의 인간됨을 회복한다고 해석해볼 수 있지 않을까.

그런데 이런저런 추론에도 〈일곱 번째 대륙〉의 부부가 자살을 결행하게 된 이유를 속 시원히 밝혀내기 힘들다. '현실에 존재하지 않는' 일곱 번째 대륙으로 시작하는 영화는 그들이 첫 번째 해부터 거기로 떠날 마음을 지니고 있다는 사실을 드러내기 때문이다. 우리가 본 그들의 삶은 이미 그리하기로 작정한 후의 삶이다. 그러니까 '이후의 모습'으로 '이전의 모습'을 복원해야 그들의 자기파괴 이유를 좀 더 온전히 추론할 수 있는데, 복원 작업은 그야말로 상상에 기댈 수밖에 없기 때문이다.

영화가 상영된 지 8년쯤 지난 시점에 "일곱 번째 대륙"이 발견되었다. 로스앤젤레스에서 하와이까지 태평양을 횡단하는 항해 경기에 참가한 미국의 찰스 무어가 하와이 근처에서 맞닥뜨린 거대한 '플라스틱 섬'이다. 과학자들은 터키 땅보다 무려 5배나 넓은 그 쓰레기 섬을 "일곱 번째 대륙"이라 부른다.[15]

2019년, 제16회 이스탄불 비엔날레는 "일곱 번째 대륙"을

---

15 이 더미의 공식 명칭은 "태평양 대쓰레기 구역Great Pacific Garbage Patch"이다. 찰스 무어, 커샌드라 필립스, 『플라스틱 바다』, 이지연 옮김, 미지북스, 2013.

주제어로 삼아 '인류세^{anthropocene}'를 호출함으로써 예술을 (재)
정의하고자 했다. "일곱 번째 대륙"이라는 말이 새로운 문화
적 의미를 획득해 인간의 활동이 지구 환경을 바꾸는 새로운
지질 시대를 가리키는 용어가 된 셈이다. 이 맥락에서 이러한
사후적 해석도 해볼 수 있겠다. 영화 속 부부가 삶의 종점으로
생각한 것은, 더 나아가 자본주의 사회의 삶이 궁극적으로 도
달하는 곳은 모든 존재가 쓰레기로 귀결되는 섬이라는 우울한
디스토피아적 해석 말이다.

　인간이 어떻게 자신의 삶을 그렇게 체계적으로 파괴할 수
있는가? 하네케가 데뷔작으로 던진 이 물음은 영구 미제가 되
면서 다른 각도에서 다른 질문을 촉발한다. 그들이 혹시 죽음
에 매혹된 것은 아닐까? 다른 각도에서 다른 방식으로 묻자면
우리는 어떻게 죽음의 올무에 걸려드는가?

2.
죽음의 유혹

죽음에 매혹되고 죽음을 사랑하는 사람들이 있다. 수전 데니스 앳킨스[1948~2009]가 그렇다. 연쇄 살인 아홉 건에 연루된 범죄자이자 음악가 찰스 맨슨[1934~2017]이 이끈 '찰스 맨슨 패밀리'의 구성원으로 활동했던 그녀는 영화배우 샤론 테이트를 살해할 때의 기분을 이렇게 밝혔다. "내가 칼로 그녀를 처음 찔렀을 때 느낌이 너무 좋았는데, 그녀가 나를 보고 비명을 지르자 무언가가 쏜살같이 내 몸을 관통해 그녀를 또 찔렀다." 앳킨스는 그 당시 스물한 살이었으며, 유명한 영화감독 로만 폴란스키[1933~]의 아내였던 샤론 테이트는 스물여섯 살 만삭의 상태였다.

　1936년, 스페인 철학자 미겔 데 우나무노[1864~1936]는 프랑코 정권의 호세 미얀 아스트라이 장군과 부딪힌 사건과 관련된 짧은 글을 다음과 같이 남겼다. 그가 재직하던 대학교의 학

술대회에 초대된 아스트라이가 발표에서 "죽음 만세!"를 부르자 홀 뒤쪽의 한 추종자가 그의 모토를 따라했다. 장군의 발표가 끝나고 우나무노가 일어서서 말했다. "방금 나는 '죽음 만세'라는, 죽음을 사랑하는[16] 몰지각한 외침을 들었다. (…) 장군은 전쟁 환자다. (…) 신이 우리를 도우러 오지 않으면 그런 사람들이 더 많아질 것이다." 그의 비판을 더는 자제할 수 없었던 아스트라이는 "지성 타도! 죽음 만세!"를 외쳤다. 이 말에 환호가 뒤따랐지만, 우나무노는 발언을 이어갔다. "이곳은 지성의 사원이다. 그리고 나는 이곳의 제사장이다. (…) 당신은 엄청난 위력을 지닌 까닭에 당신이 이기겠지만, 확신하지는 못할 것이다. 확신하려면 설득해야 하며, 설득하기 위해서는 당신이 결핍하는 것이 필요하기 때문이다. 이성과 투쟁의 권리 말이다. 당신이 스페인을 생각하라고 촉구하는 것은 헛된 짓이리라." 당대의 큰 지식인 우나무노는 총장의 직위에서 제거되었고, 두 달 반 후에 죽었다.

왜 죽음을 사랑하는가? 프롬은 두 형태로 해명한다. 첫째, 그리함으로써 견딜 수 없는 불능(수동)성의 상태에서 벗어나고자 하는, 다르게 말해 (인간으로) 살고자 하는 도착적 몸짓인

---

16 우나무노는 아스트라이 장군을 가리켜 "죽음애호증자necrophilia"라고 했는데, 그 용어는 성도착증(성교를 위한 목적으로 시체를 소유하고자 하는 욕망 또는 시체와 함께 있고자 하는 병적 욕망)을 나타내는 관습적 용례가 아니라 글자 그대로 죽음에 대한 사랑을 뜻한다. 프롬에 따르면 파괴에 매혹되고 죽음의 냄새가 향기로웠던 히틀러가 대표적 경우다.

죽음이 온다 살아야겠다

가학성이 대표적 전형이다.[17] 그로써 강렬한 경험을 얻고자 하는 '욕정적인lustful 파괴성'을 띤다. 둘째, 죽음에 대한 사랑, 곧 죽음(과 그것과 직접적으로 연관된 부패, 병적인 것, 그리고 순전히 기계적인 것) 자체에 대한 냉정하고 무감각한 매혹이다.

프롬에 따르면 '욕정적인 파괴성'을 낳는 것은 불능 impotence에 대한 심층적 감각이다. 앞서 언급했듯 인간은 사물이 아닌 까닭에 외부의 억압이 초래하는 생기의 결핍, 수동성, 끝없는 따분한 반복 등 능동성이 절대적으로 결핍된 상태를 견딜 수 없다. 어떤 식으로든 긍정적인 인간 관계의 형성이 불가능해지거나 생각이나 감정 등의 영역에서 무언가 지어내거

---

17 가학증은 인간이든 동물이든, 심지어 사물이든 특정한 대상을 온전히 통제하고자 하는 욕망의 한 형태다. 선생, 간수, 간호사 등이 자신의 학생, 죄수, 병자에게 간혹 저지르는 모욕 주기, 구타, 겁 주기, 심지어 고문하기 등이 거기에 속하는데, 종종 선의나 심지어 사랑이라는 이름으로 합리화된다. 불능에 볼모 잡힌 인간이 손쉬운 자기해방과 자기초월의 방편으로 도모하는 파괴 행위는 마치 신이 된 듯한 전능성의 환상(도착적 향락)을 불러일으킨다. 짧은 순간일지언정 인간의 한계를 초월하고 싶은 욕망, 누구도 자신의 권능을 제약하거나 방해하지 못하는 신적 존재가 되고 싶은 욕망이 그로써 활성화된다. 자신이 정복한 대상들에게 절대적 통제권을 지닌 승전 군인들에게서 때때로 엿볼 수 있는 "강간-강도-파괴" 증후군이라는 집단 행위가 대표적이다. 1997년에 개봉된 하네케의 〈퍼니 게임〉은 적지 않은 반발과 논란을 불러일으켰는데(영화 제작자이자 감독 빔 벤더스는 칸영화제에서 〈퍼니 게임〉을 관람하던 도중에 자리를 박차고 나갔다. 또 다른 비평가는 '속이 매스꺼워 영화관을 떠났다'. J. Bourke, *Elaine Scarry, Michael Haneke's 'Funny Games' and the Structure of Cruelty*, In Body & Society, 2019, pp.1~17.), 거기에는 전능한 신이 된 가해자의 도착적 폭력(가학증)이 핵심 이슈다. 피해자들에게 게임하듯 모욕감과 고통, 그리고 종국적으로 비참한 죽음을 안기는 〈퍼니 게임〉의 치명적 폭력은 하네케에 따르면 현실과 결코 무관하지 않다. 그는 이렇게 말했다. "영화가 나왔을 때, 나는 매우 유사한 사건들을 서술하는 일곱 개 나라의 일곱 개 신문 기사를 수집했다."

나 경험할 수 없을 때, 그러니까 사랑이나 작업을 통해 만족감을 추구하고 얻을 수 없을 때, 인간은 사도마조히즘의 방식으로 능동성의 감각을 획득함으로써 불능의 상태를 초월하고자 한다.

많은 사람은 "주로 또는 심지어 배타적으로 살아 있는 것이 아니라 죽은 것, 통제되는 것, 순전히 기계적인 것, 따라서 예견하고 예측할 수 있는 것"에 끌린다. "현대 산업 사회의 특징인 지능화, 수량화, 추상화, 관료화, 그리고 물화 등이 사물들이 아니라 사람들에게 적용"되는 "체계에서 사는 사람들은 삶에 무심해지며, 심지어 죽음에 끌린다."[18] 자극이 없고, 활기가 없으며, 조악한 분위기가 그러한 성향을 조장하는데, 폭력과 파괴의 기질을 북돋우는 "삶의 기계화, 개인의 무력성, 소비자의 수동성, 그리고 그러한 수동성에서 기인하는 생기의 결핍" 등도 그것을 산출하는 중요한 인자다.[19] 프롬의 정신분석적 해명은 앞서 언급한 '사물화' 개념과 일맥상통한다.

그런데 왜 자기살해인가? 수동적 삶에서 벗어나기 위해 기대는 무력武力을 왜 외부의 대상이 아니라 자신에게 행사할

---

18 Erich Fromm, *The Heart of Man*. Harper & Row, 1964, p.65.

19 맨슨은 법정에서 (배심원단이 없는 상태에서) 이렇게 증언했다. "내 아버지는 감옥이다. 내 어머니는 시스템이다. (…) 나는 당신들이 만든 나일 뿐이다. 나는 당신들의 반영일 뿐이다. (…) 나를 죽이고 싶다고? 하! 나는 이미 죽었다. 평생 죽은 상태였다. 나는 23년을 당신들이 지은 무덤 속에 있었다." https://en.wikipedia.org/wiki/Charles_Manson

까? 자살 연구자들에 따르면 자살로 치닫게 하는 핵심 인자는 "참을 수 없는 마음의 고통"[20]이다. 그리고 프롬에 따르면 죽음 충동은 인간의 성장과 발전에 끌리는 생명애biophilia가 제대로 양육되지 않을 때 생겨난다. 자살은 삶의 애착이 정신적 고통을 견뎌낼 만큼 강하게 형성되어 있지 않을 때 발생하는 '이차적' 사건이라는 것이다.[21]

'참을 수 없는 고통'의 정도는 사람마다 다르다. 마음이든 몸이든 어떤 사람은 상상하기 어려울 정도의 고통을 묵묵히 견디며 혹은 순교자가 그렇듯 삶의 기쁨으로 받아들이며 사는 반면, 어떤 사람은 대부분의 사람이 껴안고 사는 정도의 고통을 못 이겨 죽는다. 한국인이 좋아하는 브라질 작가 파울로 코엘료[1947~]의 소설 『베로니카, 죽기로 결심하다』의 주인공 베로니카는 후자에 속한다. 스물네 살의 그녀는 "많은 사람이 동감할 거"라고 확신하는 자살 이유를 이렇게 밝힌다. 첫째, 자

20 그렇게 주장하는 논문이 상당히 많은데, 대표적으로 다음과 같은 것들이다. Y. Levi-Belz, Y. Gvion, and A. Apter, *Editorial: The Psychology of Suicide: From Research Understandings to Intervention and Treatment*, In Psychiatry, Vol. 10, April 2019; *Agression, Impulsivity, and Suicide Behavior: A Review of the Literature.* In Archives of Suicide Research 15, 2011, pp.93~113. Y. Gvion and M. C. Verrocchio, D. Carrozzino, D. Marchetti, K. Andreasson, M. Fulcheri, and P. Bech, *Mental Pain and Suicide: A Systematic Review of the Literature.* In Frontiers in Psychology, Vol. 7, 20 June 2016. I. Orbach, M. Mikulincer, E. Gilboa-Schechtman, and P. Sirota, *Mental Pain and Its Relationship to Suicidality and Life Meaning.* In Suicide and Life-Threatening Behavior 33(3), Fall 2003.

21 그런 점에서 프롬은 '죽음의 본능(충동)'을 '삶의 본능'과 같은 층위에 두는 프로이트와 다르다.

신의 삶은 모든 것이 뻔하며, 젊음이 지나면 내리막길 인생밖에 없다. 둘째, 자신이 파악하는 세상은 모든 것이 나빠지는 중인데, 자신은 그 앞에 속수무책(쓸모없는 존재)이다.[22]

장차 새롭거나 더 나아질 삶의 여지가 없고 세계의 변화 앞에 무력하다는 그녀의 느낌은 기실 실존의 문제, 곧 그녀가 견지해온 삶의 수동성에 기인한다. 〈일곱 번째 대륙〉의 주인공들처럼 그녀는 다른 사람들과 마찰 없이 사느라 자신의 개별성과 주체성을 억압한 채 세상의 논리와 질서에 따라 살았다. 그런데 집안과 사회의 권위와 제도와 도덕, 곧 기성 세계에 맞추어 사는 것은 세계의 부속품이지 인간의 삶이라 할 수 없다. 거기에는 개인의 내밀한 감정, 갈망, 욕구, 욕망이 들어설 여지가 없기 때문이다. 그리하여 베로니카는 마침내 억압된 자신의 감정의 올무를 끊어내면서 해방감과 더불어 자신과 세계 속에 감춰진 비밀과 기쁨을 처음으로 맛본다.

"그녀는 긴 세월 억압되었던 부정적인 감정들이 마침내 수면으로 떠오르도록 내버려두었다. (…) 그녀는 현재의 순간을 즐기며, 증오가 비워놓고 간 자리에 사랑이 채워지는 것을 느끼며, 말없이 한동안 앉아 있었다. 때가 되었다고 느꼈을 때, 그녀는 달을 향해 마치 달이 귀를 기울이기

---

22 파울로 코엘료, 『베로니카, 죽기로 결심하다』, 이상해 옮김, 문학동네, 2001.

죽음이 온다 살아야겠다

라도 하는 양 달을 위해 소나타 한 곡을 연주했다."

석가가 삶은 고해^{苦海}라고 했듯 고통 없는 삶은 없다.[23] 삶
은 크든 작든 고통을 견디는 일이다. 죽음 충동을 삶의 충동과
같은 층위에 둔 프로이트와 달리 프롬이 주장하듯 죽음을 향
해 돌진하는 것이 삶의 의지의 강도에 따르는 이차적 문제라
면, 살아가기의 핵심은 결국 고통을 견뎌내는 힘일 것이다. '견
딜 수 없는 고통'을 견뎌내며 기어코 살고자 하는 끈질긴 힘은
도대체 무엇인가? 혹은 어디서 나오는가?

---

23 스콧 펙은 앞의 책에서 그것을 이렇게 고쳐 썼다. "삶은 어렵다. 이것은 하나의 위대
한 진리, 가장 위대한 진리 중의 하나다."

3.
궁극적 관심

아우슈비츠의 생존자이자 자전적 수기 『죽음의 수용소에서』
의 저자 프랭클에 따르면 고통을 견디게 하는 궁극적인 힘은
'삶의 목적'이다. 그는 이렇게 썼다.

"수용소에서 인간의 내적 힘을 회복하고자 하는 어떠한
시도도 먼저 그에게 모종의 미래의 목적을 보여주는 데 성
공해야 한다. '왜 사는지 아는 사람은 거의 모든 상태도 견
딜 수 있다.'는 니체의 말은 모든 심리 치료의 지침 모토로
삼을 수 있다. (…) 참혹한 실존의 상태를 견디는 힘을 강
화하기 위해서는 기회가 있을 때마다 삶의 목표를 부여해
야 한다."[24]

죽음이 온다 살아야겠다

라즐로 네메스[1977~]가 감독한 영화 〈사울의 아들〉의 주인공 사울이 그것의 전범이다. 언제든 죽임을 당할 수 있는 철저히 반[反]인간적 상황에서 절대적 수동성의 삶을 사는 그는 자신의 목적을 이루기 위해 필사적이다. 유대인들의 시체를 처리하는 아우슈비츠 소각장에서 일하는 사울은 어린 아들의 주검과 마주치면서, 현실의 계산으로는 도무지 불가능한 듯한 그의 '온당한 장례'를 위해 사력을 다한다. 목숨을 걸고 시체를 빼돌리며, 대량 총살이 이루어지는 아비규환 속에서 기도문을 읊어줄 랍비를 찾고, 위험을 무릅쓰면서까지 시신을 정갈하게 보존한다. 급기야 탈출하는 도중에 소년의 시체를 놓쳐 강물에 떠내려 보내고 나서 폐가에 잠시 은신하다 살해 당하지만, 시종일관 무표정했던 그는 죽기 전 홀연히 나타난 소년을 보며 웃음을 짓는다. 자신이 할 수 있는 일은 다했으니 나머지는 신이 알아서 하시라 믿고 흡족했으리라. 니콜라스 링컨 길이 감독한 영화 〈망자의 계곡〉의 주인공도 그렇다. 밤새도록 일하고 귀가한 어부 호세는 두 아들이 용병들에게 죽임을 당하고 강에 던져졌다는 사실을 알고 나서 그들의 시체를 찾아 장례를 제대로 치루기 위해 목숨을 건 처절한 여정을 떠난다.

데이비드 키스 린치[1946~]의 영화 〈스트레이트 스토리〉 또한 목적 의식이 낳는 비범한 사례에 대한 이야기다. 언어 장애가 있

24 V. Frankl, *Man's Search for Meaning,* Washington Square Press, 1984, p.84.

는 딸 로즈와 단 둘이 아이오와 시골에서 사는 일흔세 살의 스트레이트는 어느 날 형이 중풍으로 쓰러졌다는 전갈을 받는다. 과거에 모종의 이유로 그동안 형제 간의 우애를 철저히 등진 채 살아왔지만, 형이 위독한 상태에 빠져 언제든 죽을 수 있다는 위기감에 위스콘신에서 홀로 사는 형을 보러 가기로 작정한다. 문제는 난공불락의 현실이다. 심각한 노안에 보행기를 착용해야 일상의 삶을 살 수 있을 만큼 몸이 노쇠할 뿐 아니라 경제력도 변변치 않고 운전 면허증도 없는데, 가야 할 길은 구만리다. 그렇다고 해서 (그의 행동을 통해 추론하건대 그는) 살아 있는 인간이 천륜을 외면한 채 살 수 없다. 큰 탈 없이 문제없는 일상을 반복하는 것이 결코 나쁜 삶은 아니지만, 어렵고 고통스럽다는 이유로 일상을 초월하는, 그럴 뿐 아니라 심지어 인간의 궁극적 가치라 부를 만한 삶을 포기할 수는 없다. 의미(가치) 있는 삶이란 그저 사는 것이 아니라 의미(가치) 있는 일을 하며 사는 삶이기 때문이리라. 그리하여 그는 30년이 넘은 잔디깎이를 끌고 6주간의 험난한 여정에 나서서 기어이 형과 상봉한다.

장양[1967~] 감독의 다큐멘터리 영화 〈영혼의 순례길〉은 궁극의 가치를 지향하는 삶이 얼마나 대단할 수 있는지 놀랍도록 사실적으로 보여준다. 일찍 세상을 떠난 동생을 대신해 결혼하지도 않은 채 조카 셋을 키운 노인은 성지 라싸와 성산 수미산을 순례하는 것이 평생 바라는 바다. 중년의 조카가 그것을 이루어주기 위해 나서면서 어린아이와 임산부를 포함해 11명

죽음이 온다 살아야겠다

이 순례에 가담한다. 그리하여 티베트의 작은 마을 사람들이 가파르고 험준한 2,500여 킬로미터의 거리를 삼보일배 오체투지로 나서는데, 한겨울을 관통하며 1년에 걸쳐 묵묵히 (그리고 아마도 기쁜 마음으로) 순례하는 모습은 경이롭다. 장양의 드라마 〈낙엽귀근〉은 형제가 아니라 친구를 위해 어마어마한 일을 결행하는, 가진 것이라고는 몸밖에 없는 한 노동자의 또 다른, 그러나 같은 맥락의 비범한 이야기다. 이 또한 '가치'에 헌신하는 삶의 힘을 웅변적으로 보여준다.

살아갈 힘은 살아가야 할 이유 혹은 목적의 강도強度에 비례한다. 앞의 영화 주인공들이 보여주는 불굴의 삶의 의지는 그들의 삶의 목적이 자신들의 삶(목숨)보다 크기 때문이리라. 다르게 말해 궁극적이기 때문이리라. 어떤 이에게는 '온당한 매장'이라는 천륜이, 어떤 이에게는 형제 간의 도리가, 또 어떤 이에게는 기도와 수행이 그렇다. 그러한 가치들이 지피는 존재의 가장 깊은 중심에 자리 잡은 불꽃은, 심지어 죽음마저 불사하게 만드는 열정으로 존재 전체를 추동한다.

파울 요하네스 틸리히[1886~1965]는 그러한 현상을 '신앙faith'으로 해명한다. 그에 따르면 신앙이란 "온 힘을 다해 온 마음과 온 영혼을" 특정한 무엇에게 내어주는 '궁극적 관심의 상태'이기 때문이다.[25]

---

25 Paul Tillich, *Dynamics of Faith*, Harper & Brothers, 1957, pp.1~2.

우리 당대의 많은 사람은 궁극적인 관심을 부, 사회적 지위, 권력 등에 둔다. 그리하여 그것을 성취하는 데 방해되는 것들을 가차없이 없애려 전력투구한다. 그리하여 마침내 더러는 그것에 성공하는데, 그때 그가 막상 손에 거머쥐는 것은 공허다. 성서의 지혜 문헌인 전도서에는 이렇게 쓰여 있다. "다윗의 아들 예루살렘 왕 전도자의 말씀이라. 전도자가 이르되 헛되고 헛되며 헛되고 헛되니 모든 것이 헛되도다." 이 글의 저자 솔로몬 왕은 누구보다 많이 보배를 쌓고 처첩들을 두었으며, 예루살렘에 있던 모든 자보다 더 창성하고 지혜도 여전하며, "무엇이든지 내 눈이 원하는 것을 내가 금하지 아니하며, 무엇이든지 내 마음이 즐거워하는 것을 내가 막지 아니하였"지만, 이렇게 고백한다. "그후에 내가 생각해보니 내 손으로 한 모든 일과 내가 수고한 모든 것이 다 헛되어 바람을 잡는 것이며 해 아래에서 무익한 것이로다."

틸리히에 따르면 궁극성에는 거짓된 것과 참된 것이 있다. 주체와 대상 혹은 자아와 세계가 이루는 구조에 갇힌 제한적 대상인 돈, 권력, 사회 지위 등은 전자에 속하는 것으로서 그것의 성취는 실망을 낳는다. 세상의 것이어서 한계에 막혀 더 어찌할 수 없는 곳이며, 꼭대기에 설 때까지 몰랐던 어두운 힘을 대면하는 곳이어서 허탈감과 허무감의 엄습이 필연적이다. 반면 나와 세계의 구조를 초월하는 무한자는 '전쟁 같은 사랑'처럼 끊임없는 반문과 갈등을 통해 성장으로 이끈다. 무한

죽음이 온다 살아야겠다

자는 죽을 수밖에 없는 유한적 존재인 인간이 결코 온전히 붙잡을 수 없는 까닭에 절대성의 신앙은 (자신이 궁극적이거나 무조건적인 무엇에 관계되어 있다는) 확실성을 주는 즉각적 인식이 불확실성을 수반한다. 신이 존재한다는 확신에 대한 마지막 보장을 불완전한 내가 거머쥐었다는 자각이 확실성을 방해한다. 과학이 그렇듯 불완전한 인간은 무엇에 관한 것이든 절대적일 수 없다. 인간이 붙잡을 수 있는 유일한 절대성은 바로 그러한 절대성의 불가능성이다.

따라서 실존주의의 선구자 쇠렌 오뷔에 키르케고르[1813~1855]의 말처럼 참된 신앙에는 필연적으로 확신 속에 의심이 상존한다. '전쟁 같은 사랑'이 진실한 사랑일 수 있는 것은 전쟁을 회피하지 않고 떠맡는 용기 덕분이듯 살아 있는 신앙 행위는 의심(위험)을 떠맡는 '용기'로 숨을 쉰다. "의심은 억압이 아니라 용기에 의해 극복"[26]할 수 있기 때문이다.

"신앙의 영역에 들어가는 자는 삶의 성소에 들어간다."[27] 거기는 신의 집이어서 생명을 해치는 모든 악으로부터 보호받는다. 인간은 다만 주인의 은총을 입는 객일 뿐인데, 기어이 주인이 되어야 평온한 사람들이 있다. 확실성과 불확실성을 동시에 지니는 신앙의 역설을 견디지 못해 확실성만 붙잡

26 앞의 책, 101쪽.
27 앞의 책, 12쪽.

기 때문인데, 그러한 병든 신앙(맹신)은 무한자를 파괴함으로써 종국적으로 자신을 파괴한다. 근본주의는 극단적인 확실성의 신앙이다.

문제는 우리가 사는 세상에 신의 자리가 부재하다는 것이다. 혹은 신의 자리를 철학적으로 마련할 수 없다는 것이다. 그런 까닭에 궁극적인 관심(신앙)도 성소도 찾거나 확보하기 어렵다. 그리하여 후기 자본주의 마케팅 사회에서 사는 홈리스 인간은 죽음과 무의미가 야기하는 불안 속에 산다.

"왜 사는지 아는 자는 거의 모든 것을 견딜 수 있다." 니체의 이 말은 다음의 질문들로써 우리를 모질게 닦달한다. 우리는 왜 사는가? 왜 고해苦海를 헤엄쳐가야 하는가? 왜 삶의 부조리와 고통을 견뎌나가야 하는가? 노벨 문학상 수상자 카뮈는 이렇게 주장한다. "진실로 심각한 유일한 철학적 질문은 자살이다." 우리의 삶이 살 가치가 있는지 결정하는 것은 바로 철학의 근본 질문에 대답하는 것이기 때문이다. 신의 자리를 변변하게 마련하지 못하는 인간은 '삶의 의미와 목적'이라는 궁극적인 과제에 홀로 맞선다.

죽음이 온다 살아야겠다

4.
부조리 혹은 무의미

부조리는 카뮈의 철학과 죽음을 관통한다.[28] 그에 따르면 부조리는 우리가 살아내어야 할 경험으로서 "데카르트의 방법론적 회의"와 맞먹는 실존의 출발점이다. 삶(의 의미)의 문제에 대한 실존의 고민은 부조리를 다루는 데에서 시작해야 마땅하다는 것이다. 우리는 의미를 찾고자 하는 충동에 사로잡히지만, 세계는 그것에 냉담하고 무심하다. 그리하여 어떤 시도로도 실패할 수밖에 없는 부조리한 상황에 직면한다.

　우선 우주적 관점에서 파악하는 인간 존재는 무의미하기

28　"부조리의 정점은 자동차 충돌로 죽는 것"이라고 했던 카뮈는 지인이 운전하는 자동차에 동승해 파리로 가던 도중에 그 자동차가 가로수를 들이박는 바람에 마흔일곱 살에 사망했다. 그의 코트 주머니에는 사용하지 않은 파리행 기차표가 있었다. 노벨 문학상을 수상한 지 3년이 채 지나지 않았다.

짝이 없다. 노벨 문학상을 수상한 영국의 탁월한 수학자이자 철학자 버트런드 아서 윌리엄 러셀[1872~1970]은 이렇게 썼다.

"보이는 세계에서 은하수는 하나의 작은 단편이며, 이 단편 안에서 태양계는 극소의 얼룩이고, 거기서 우리의 지구는 현미경으로 볼 수 있는 하나의 점이다. 이 점 위에 불순한 탄소와 물로 이루어진, 다소 이례적인 물리화학적 특성들을 지닌, 복잡한 구조의 작은 덩어리들이 몇 년 기어 다니다가 그것의 합성 요소들로 다시 융해된다."[29]

여기서 그가 말하는 "작은 덩어리"는 인간을 가리키는데, 실존적 관점에서 파악하는 삶도 의미가 없기는 마찬가지다. 노벨 문학상 수상을 거부한 사르트르는 이렇게 말했다. "삶은 선험적으로 아무 의미도 없다. 삶 자체는 살기 전까지는 아무것도 아니다. 삶에 의미를 부여하는 것은 우리이며, 가치는 우리가 부여하는 것에 다름 아니다."[30]

카뮈가 삶의 무의미성을 시시포스의 단순 노동의 반복을 통해 그려냈듯 영국 철학 교수 데이비드 위긴스는 그것을 다음과 같은 방식의 끝없는 축제[蓄財]로 묘사한다.

29 Bertrand Russel, *Sceptical Essays*, Routledge, 1996, p.19.

30 Jean-Paul Sartre, *Existentialism Is a Humanism*, Yale University Press, 2007, p.51.

죽음이 온다 살아야겠다

"더 많은 땅을 사서 더 많은 옥수수를 키우고, 더 많은 옥수수를 키워서 더 많은 돼지를 먹이고, 더 많은 돼지를 먹여서 더 많은 땅을 사고, 더 많은 땅을 사서 더 많은 옥수수를 키우고, 더 많은 옥수수를 키워서 더 많은 돼지를 키우고…."

헤겔의 '나쁜 무한'인 셈인데, 어느 미국 투자은행가의 생각도 똑같다. 그가 어느 날 멕시코 어부가 선착하는 작은 배에서 황다랭이 여러 마리를 보았다. 그는 어부에게 그만큼 잡는 데 얼마나 걸렸는지 물었다. '잠깐'이라고 대답하자 왜 더 오래 잡지 않느냐고 물었다. 식구들에게 당장의 필요로는 그것으로 충분하다고 하자 나머지 시간은 뭐하느냐고 물었다. "늦게까지 자고, 잠시 고기 잡고, 아이들과 놀고, 아내인 마리아와 함께 시에스타 하고, 마을을 어슬렁거리다 포도주를 마시고, 친구들과 기타를 친다. 온전히 바쁜 삶을 산다." 미국인은 그 대답에 콧방귀를 끼며 말했다. "나는 하버드대학교 MBA 출신이라 당신을 도울 수 있겠다. 고기 잡는 데 더 많은 시간을 써서 더 큰 보트를 사고, 그것으로 번 돈으로 여러 척의 배를 사면 결국 보트 선단을 가지게 될 것이다. 그러면 네가 잡은 것을 중간 상인에게 파는 대신 가공업자에게 직접 팔게 되고, 결국에는 네 통조림 공장을 열어 생산, 처리, 유통을 통제하게 되어 이 조그만 해변 어촌을 떠나 멕시코시티, 그리고 로스앤젤레스, 마지막으로 뉴욕에 가서 번창하는 네 사업체를 운영할 것이다." 어부가 물었다. "그 모든 일이 얼마나 걸리는가?", "15년에서 20년쯤." 어부가 다시 물었다. "그런데 그러고 나서 뭐하는가?" 미국인이 웃으며 말했다. "그게 가장 좋은 부분이지. 때맞을 때 신규 주식을 상장해서 팔면 큰 부자가 되어 수백만 달러를 벌 것이다!", "수백만 달러, 그러고 나서는?" 미국인이 대답했다. "은퇴해 조그만 어촌으로 이사 가서 늦게까지 자고, 고기 조금 잡고, 네 아이들과 놀고, 네 아내와 시에스타 하고, 저녁마다 마을을 어슬렁거리다 포도주를 마시고, 친구들과 기타를 치는 거지."

'삶은 가까이서 보면 비극, 멀리서 보면 희극'이라는 찰리 채플린[1889~1977]의 말처럼 멀찍이서 우리의 삶을 보면 '태어나 오랜 기간 성장해 밖으로 나가 최선을 다해 울다가 새 생명의 탄생에 기여하고 나서 죽고, 새로 태어난 생명은 또 오랜 기간 성장하고 울고 교미하고 죽는' 매미의 운명과 그리 다르지 않다. 그런데도 현실의 삶에 가까이 다가가 누군가의 내면을 훔쳐보면 불안과 고통과 외로움과 슬픔이 없는 사람이 없다. 우리 모두 사는 동안 그리도 마음 졸이며 누군가와 경쟁하고 누군가를 시기하고 무언가를 얻으려 애쓰다가 (마침내 어떤 이는 그것을 손에 쥐고, 어떤 이는 평생 그 근처에도 가보지 못하고) 혹은 범범한 일들을 반복하다가 아주 가끔 비일상적 사건을 즐기거나 혹은 그로써 곤혹스러운 일을 당하다가 제자리로 돌아와 다시 일상의 삶을 반복해 살다 죽는다.

죽음이 온다 살아야겠다

우리의 삶은 뭇 벌레의 일생과 무엇이 다른가? 뭇 벌레와
뭇 짐승에게는 없고 우리에게만 있는 그런 의미는 무엇인가?

상상을 좀 늘여 이렇게 자문해보자. 밥 먹고 일하고 자고
사랑하고 미워하는 그 모든 행위가 내가 아니라 내 안의 무엇
(예컨대 유전자 혹은 뇌) 혹은 나를 능가하는 어떤 프로그램('밈'
이라는 사회적 모방)의 수행이라고 한다면, 그러니까 우리에게
자유의지라는 개념이 우리가 우리 자신을 위해 만든 픽션이라
고 한다면 우리의 삶이 도대체 무슨 의미가 있을까?

상상을 조금 줄여 "우리가 생각하고, 느끼고, 경험하는 것
의 98퍼센트 이상"이 우리의 문화에 속한 것이라는, 그러니까
우리의 의식에 들어 있는 매우 적은 양만 우리 자신의 것이라
는 신경과학자 빌라야누르 수브란마니안 라마찬드란[1951~]의
주장[31]에 근거해 물어보자. 자신의 개성을 제대로 인식하고 감
각해 그것을 충분히 표현함으로써 자신의 고유한 특성을 실현
해내는 위대한 음악가나 철학자나 예술가와 달리 의식의 아주
적은 부분마저 제대로 활성화하거나 운용하지 못하는, 따라
서 너나 나나 그리 유별날 것 없이 그럭저럭 살아가는, 그래서
'우리의 것이 아닌 삶'이라고 할 수 있는 우리의 삶은 하이데거
식으로 말해 우리가 살아가는 '그들[das Man]의 삶'은 도대체 무슨

---

31 V. S. Ramachandran, *In the Hall of Illusions*, In We Are All Stardust: Scientists Who
    Shaped Our World Talk about Their Work, Their Lifes, and What They Still Want to
    Know, trans. by R. Benjamin, Experiment, 2015.

의미가 있는가?

그런데 진실로 삶은 무의미한가? 혹은 무가치한가? 삶의
목적이 없다면, 살아야 할 의미나 이유가 없다면 게다가 짧은
삶이든 긴 삶이든, 이리 죽든 저리 죽든 결국 죽게 될 삶이니
아등바등 살아야 할 이유가 무엇이며 어디 있는가. 그러니 고
통을 견뎌가며 살아야 이유는 더더욱 없을 것이다. 그런데 카
뮈의 논리에 따르자면 고통스럽고 무의미한 세상에서도 우리
가 자살을 택하지 않고 살아간다는 것은 살 가치가 있다는 것
을 뜻한다. 살아가야 할 이유가 분명히 있다는 것이다. 그로써
살아갈 힘이 생긴다는 것이다. 그 이유 혹은 그 힘은 무엇인가?

고통이 견딜 수 없이 고통스러운 것은 그것의 무의미 때
문이다. 의미가 있다고 판단되는 고통은 고통스러워도 감수할
수 있기 때문이다. 치과 치료나 외과 수술이 고통스럽지만, 우
리는 그로써 더 나은 상태가 될 수 있다는 것을 알고 믿는 까
닭에 고통을 청하고 받아들이며 기꺼이 견딘다. 그리고 고통
없이 강해지는 근육이 없듯 몸이든 정신이든 모든 형태의 성
장은 고통을 수반한다. 성장통成長痛은 절망이 아니라 희망의 청
신호다. 따라서 니체는 이렇게 썼다. "지금까지 인간을 감싼
저주는 고통 자체가 아니라 고통의 무의미다."[32]

---

32 F. Nietzsche, *On the Genealogy of Morals*, trans. by W. Kaufmann and R.J. Hollingdale, Vintage Books, 1967, p.162.

죽음이 온다 살아야겠다

고통은 또한 우리가 그것과 맞닥뜨릴 때, 즐거운 일 앞에서는 결코 하지 않는 이유를 묻는다. 귀책사유를 따진다. 왜 '내가' 고통을 당하는가? '누구의 잘못으로' 내가 이 고통을 당하는가? (나에게 복덩이가 굴러 떨어질 때 내가 과연 그것을 받기에 온당한 존재인지는 묻지 않는다. 나는 다만 기쁨과 즐거움에 빠질 뿐이다.) 그리하여 탓이 외부에 있다고 여기면 그것에 맞서 항의함으로써 혹은 저주와 복수를 통해 고통의 무게를 덜어내려고 애쓴다. 원인을 제거할 수 있다면 그리함으로써 고통을 없애려 한다. 신을 누구보다 충실하게 섬기는 구약 성경의 의인 욥이 어느 날 영문 모를 고통에 빠지자 그의 아내는 고통을 견디기보다 "차라리 신을 저주하고 죽는 것이 낫다."며 떠난다. 그와 달리 탓이 자신에게 있다고 생각하면 방향을 내부로 돌려 자신을 책망하며 죄책감에 빠진다.

한마디로 삶의 고통을 다루는 핵심은 고통의 정당화다. 그것에 긍정적 의미를 부여하는 일이다. 그리할 수 있을 때 고통은 견딜 수 있을 뿐 아니라 심지어 자청하고 환영할 수 있기 때문이다. 그런데 한 개인의 차원을 넘어 이 우주에 인간이 왜 존재하는지, 삶의 의미는 무엇인지, 왜 인간은 대체로 고통스러울 수밖에 없는지 등 실존에 관한 근본 질문은 개인이 감당할 수 없을 정도로 무겁다. 종교와 철학을 포함한 모든 문화적 구성물은 그러한 질문에 맞서 개인이 무의미와 고통의 덫에 걸리지 않을 뿐 아니라 자신의 삶을 긍정하도록 혹은 더 높

은 수준의 삶을 살 수 있도록 구성한 의미에 관한 이야기(들)
이다. 그러므로 이제 우리는 의미 이야기들을 검토해볼 필요
가 있겠다.

5.
의미 이야기

기독교와 불교를 포함한 종교는 대부분 현실의 삶을 고통으로 파악하고, 그것에 대한 해결안 제시를 교리의 골자로 삼는다.

기독교는 '하나님 나라', 곧 고통과 죽음이 없으며 "오직 성령 안에 있는 의와 평강과 희락"(롬 14:17)이 있는 천국을 궁극의 지향점으로 둔다. 예수의 주된 사역은 그것의 선포다. "너희는 먼저 그의 나라와 그의 의를 구하라."[33] (마 6:33) 현실 세계에서 우리가 마음을 둘 곳은 '여기'가 아니라 '거기'다. "오직 너희를 위하여 보물을 하늘에 쌓아라 … 네 보물 있는 그곳에는 네 마음도 있느니라."(마 6:19~21) 따라서 '여기'에 머무는

---

33 예수의 제자 또한 예수의 말을 이렇게 전한다. "요한이 잡힌 후 예수께서 갈릴리에 오셔서 하나님의 복음을 전파하여 이르시되 때가 찼고 하나님의 나라가 가까이 왔으니 회개하고 복음을 믿으라 하시더라."(막 1:14~15)

동안 우리는 겸손하고 의를 위해 핍박을 견디며, '죄 사함'을 받고 하나님의 뜻에 따라 살아야 한다. 하나님의 나라는 "심령이 가난한 자"(마 5:2), 어린아이와 같이 받드는 자(막 10:15), "의를 위하여 핍박을 받"는 자(마 5:10), "물과 성령으로" 거듭난 자(요 3:5), 그리고 "아버지의 뜻대로 행하는 자"(마 7:21)의 것이기 때문이다.

불교 또한 열반, 곧 일체의 번뇌가 소멸되고 깨달음이 완성된 경지를 궁극의 목표로 둔다. 따라서 미혹의 세계에서 사는 중생은 그것을 위해 제행무상(모든 것은 변한다), 일체개고(모든 것은 괴로움이다), 제법무아(모든 법에 '나'는 없다)의 원리를 깨달아 무명(무지)과 아집으로부터 벗어나야 한다.

이 세상의 삶이 문제투성이인 것은 기독교의 이야기에 따르면 다음의 연유에서다. 세상은 하나님이 창조했지만, 인간의 타락으로 사단satan의 지배를 받게 되었다. 사단은 인간으로 하여금 죄를 짓도록 함으로써 고통과 죽음을 가져왔다(롬 6:23). 전후 사정을 따지면 사단의 유혹이 원인이지만, 책임은 유혹에 넘어가 죄를 범하는 인간이 진다. 그런데 '지금 여기' 세상은 하나님이 아니라 사단이 지배하는 까닭에, 그리고 더 중요하게 욕망을 지닌 인간은 도덕적으로나 윤리적으로 불완전한 까닭에 죄를 짓지 않고 혹은 죄(책감) 없이 사는 것은 불가능하다.

따라서 니체가 보기에 기독교는 우리가 영원히 빚진 자,

죽음이 온다 살아야겠다

자기 자신을 처벌하는 자, 그리고 그로써 특정한 금욕적 형태의 삶을 살도록 내몬다. 천국의 복된 삶을 위해서라도 그리해야 한다. 사물화된 세상도 영생을 위해 견뎌내야 할 찰나로 삼는다. 이 세상의 고통과 슬픔, 특히 의를 위한 핍박은 그저 저 세상의 영광과 기쁨에 이르는 가시밭길이기 때문이다.

고통과 구원에 관한 불교(일반)의 이야기는 기독교와 다르다. 불교가 제시하는 지복至福의 세상은 '지금 여기'의 삶과 세상을 초월해야 이를 수 있는 곳이 아니다. 그것은 '지금 여기'에 이미 있고 항상 있는데, 우리가 어리석은 탓에 번민과 고통에서 헤어나오지 못할 뿐이다. 따라서 우리의 선결 과제는 고통이 어디서 왜 오는지 그 이치를 깨닫는 것이다.

화엄경에 따르면 일체유심조一切唯心造, 곧 '모든 것은 마음이 지어낸다.'[34] 모든 것은 변한다. 그런데 우리의 마음은 좋은 것이 변하지 않기를 바랄 뿐 아니라 영원하기를 원한다. 생로병사가 자연의 이치인데, 인간은 고통과 죽음이 없기를 바란다. 자아는 없거나 기껏해야 늘 변하는데, 만사를 자신의 뜻과 욕심 아래 두려 한다. 따라서 갈애와 아집에서 벗어나면 고통이 사라진다. 혹은 고통이 다만 고통으로 머물 뿐 마음은 고요하

---

34 영화감독 테렌스 맬릭의 걸작 〈씬 레드 라인〉에서 우리는 다음의 음성을 듣는다. "어떤 사람은 죽어가는 새를 보고는 대답 없는 고통밖에 없다고 생각한다. 죽음이 마지막 말을 한 것이라고. 죽음은 그를 비웃고 있다. 다른 사람은 똑같은 새를 보고 영광을 얻고 웃음 짓는 무언가를 느낀다."

다. 나아가 만사를 "나의 것이 아니라 나 자신이 아닌" 것으로 보는 법을 익혀 '지금 여기'에 일어나는 사태에 주목하면 심오한 경험을 얻는다. 우주의 온 것을 그저 그러함suchness의 사태로 보는 무아지경의 열락이 열린다.

정토(극락 세계)가 세속 세계와 별도로 존재한다는 불교 사상도 있다. 그것을 기독교의 천국과 달리 무명에서 벗어난 자가 정진하는 곳으로 보기도 하고, 천국처럼 모든 고통이 사라진 세계로 보기도 하는데, 종교화된 대중 불교는 대체로 후자다. 천국이든 극락이든 그것은 우리가 사는 현실과 다를 뿐 아니라 번민과 고통이 없는 더 좋은 세계라는 점에서 속인이 갈구하는 대상이다. 희망은 나쁜 것을 견디게 하는 힘이다. 극락을 신앙하는 불심佛心은 절망해야 할 고통도 〈일곱 번째 대륙〉의 주인공이 저지른 자기파괴를 도모하지 않고 살아낸다.

그런데 장차 도래할 좋은 세상의 이야기는 신앙뿐 아니라 불신의 대상이기도 하다. 카를 마르크스1818~1883는 그러한 이야기에 기초한 종교를 없애야 할 마약으로, 프로이트는 깨뜨려야 할 환상으로 간주한다. 청년 마르크스는 이렇게 썼다. "종교는 억압된 피조물의 한숨, 심장 없는 세계의 심장, 그리고 영혼 없는 형세의 영혼이다. 그것은 인민의 마약이다. 환상에 불과한 인민의 행복으로서의 종교를 폐지하는 것은 진정한 행복을 위해 필요하다."35 프로이트는 이렇게 썼다. 모든 종교적 교리는 "소망 성취적이고 위안적인 힘"을 신앙의 동기로 삼는 까닭에

죽음이 온다 살아야겠다

환상이다.[36] 지고의 완전한 존재라는 신이 그렇듯 그것은 너무 좋은 까닭에, 다시 말해 정확히 우리 자신의 소망과 일치하는 까닭에 환상이라는 것이다. 니체에 따르면 기독교 이야기는 거짓인데, 그것은 우리의 구원이 우리 자신의 노력이 아니라 신에 대한 믿음(과 은총)에 의해 주어지기 때문이다.[37] 그는 이렇게 썼다. "믿음으로 축복 받는다. 따라서 그것은 거짓이다."[38]

종교 영역 바깥에서 펼치는 중요한 의미 이야기꾼은 정신의학자 프랭클이다. 그는 의미 발견 능력을 함양해 아픈 영혼을 치유하는 '의미 치료logotherapy'를 창안했는데, 힘이나 쾌락이 아니라 "의미를 향한 의지will to meaning", 곧 의미와 목적을 찾고 달성하고자 하는 몸짓이 인간의 "기초적 분투"라고 확신하기 때문이다.[39]

그에 따르면 삶의 의미를 아는 인간은 최악의 상황도 의연히 대할 수 있다. 어찌할 수 없는 운명이 몰고 오는 고통을

---

35 Karl Marx, *Critique of Hegel's Philosophy of Right*, Cambridge Univ. Press, 1970, p.131.

36 S. Freud, *The Future of an Illusion*, trans. by J. Strachey, W. W. Norton & Company, 1961, p.52.

37 "하늘의 왕국은 어린이의 것이다. 여기서 표현된 믿음은 어렵게 얻은 믿음이 아니다. (…) 처음부터 그랬듯 여기, 곧 유아증이다." F. Nietzsche, *The Anti-Christ, Ecce Homo, Twilight of the Idols and Other Writings*, trans. by J. Norman, Cambridge University Press, 2007, p.29.

38 앞의 책, 49쪽.

39 프랭클에 따르면 'will to power'와 'will to pleasure'는 '의미를 향한 의지'에서 기인한다. 쾌락은 "의미 성취의 효과"이며, 힘은 그 자체가 아니라 수단이기 때문이다. V. Frankl, *The Will to Meaning*, Plume, 2014.

"성취, 극복, 그리고 영웅적 행위"로 바꿈으로써 성장의 계기로 삼는 태도는 무엇보다 고귀하다. 따라서 그는 이렇게 썼다. "고통의 의미"는 우리가 가질 수 있는 "가장 깊은 의미다."[40] 내가 처한 고통스러운 상황을 다만 견딜 뿐 아니라 내 성취와 성장으로 만들어낼 수 있다면 그러한 힘이야말로 어떤 무엇에 견줄 수 없을 것이다. 실존의 고통은 돈, 권력, 지위 등 세상 어떤 것으로도 어찌할 수 없기 때문이다.

그런데 그러한 일을 가능케 하는 '의미를 향한 의지'는 도대체 어떻게 생기는가? 내가 이해하기로 그것은 앞서 언급한 틸리히가 규명한 '신앙'을 원천으로 삼는다. "의미 치료는 심리 치료와 종교 간의 경계를 넘지 않는다."는 진술에 배치背馳된다고 할 수 있는데,[41] 프랭클은 주저 『Will to Meaning』에서 이렇게 썼다. "만약에 누군가가 의미를 찾고자 한다면 그는 의미가 있다는 것을 확신해야 한다."[42]

무언가를 먼저 확신해야 그 무언가를 찾을 수 있다는 진술은 정확히 신앙의 논리다. 그는 또 거기서 이렇게 썼다. "만약에 의미가 있다면 그것은 무조건적 의미"다. 어떤 의미든 종국적으로 궁극적 의미에 기댈 수밖에 없기 때문이다. 따라서

---

40 앞의 책.

41 프랭클은 이렇게 썼다. "올바르게 다룬 심리 치료는 환자의 종교성을 해방시킨다." V. Frankl, *The Unconscious God: Psychotherapy and Theology*, Simon and Schuster, 1975, pp.61~62.

42 앞의 책.

죽음이 온다 살아야겠다

그는 이렇게 주장한다. 궁극적 의미는 "믿음의 문제"이며, "궁극적 의미에 대한 신앙은 궁극적 존재에 대한 신뢰, 신에 대한 신뢰가 선행한다."

프로이트는 이렇게 말했다. "삶의 의미나 가치에 대해 탐문하는 순간 병든다." 반면 아인슈타인은 이렇게 말했다. "'삶의 의미는 무엇인가?'는 종교적임을 뜻한다." 프로이트의 진술을 부정하고, 아인슈타인의 진술을 긍정하는 '의미를 향한 의지'의 창안자인 프랭클은 우리의 부름에 대한 신의 응답을 이렇게 설명한다. "신이 존재한다면 그는 무한하며, 우리가 반향을 기다리는 것은 헛되다. 어떤 대답도 우리에게 돌아오지 않는다는 사실은 우리의 부름이 수신자인 무한자에게 도달했다는 증거다." 존재하지 않는 자를 불러도 결과가 똑같다. 우리는 어떤 대답도 들을 수 없다.

6.
자기기만

신앙이 돈독하든 아예 없든 거의 모든 사람은 자신의 고통을 의미 정당화에 기대기보다 마음의 방어 기제로 스스로 처리한다. 부인否認, 반작용, 합리화, 투사 등에 의해 가혹한 현실에서 벗어나는 방식인데, 자신을 거짓되게 속이는 '자기기만'이 핵심이다. 미국의 대표적 현대 극작가 아서 애셔 밀러[1915~2005]의 걸작 〈세일즈맨의 죽음〉의 주인공 윌리가 전형이다. 아버지의 직업을 이어받아 평생 세일즈맨으로 살아온 그는 자신의 실패가 야기한 고통스러운 현실을 감당할 수 없어서 거짓된 인식으로 일관하다가 자살한다.

사물이든 사람이든 대상을, 그리고 그것을 둘러싼 상황을 명징하게 인식하는 것은 지극히 어렵다. 자기 자신을 날 것 그대로 보는 것은 그보다 더 어렵다. 빼어난 선사禪師나 가능할 법

죽음이 온다 살아야겠다

한 삶의 난제 중의 난제로서 범인은 시늉조차 내기 어렵다. 우리의 마음은 특별히 감찰하지 않으면 애당초부터 자신을 보호하는 방식으로 움직이기 때문이다. 우리의 마음은 고통스럽고 불안한 것은 걸러내어 우리의 의식 앞에 내어놓지 않는다. 그리고 자신에게 긍정적인 것은 과대평가하고, 부정적인 것은 과소평가한다. 지각은 (자신에게 유리하도록) 선택된 지각이며, 주목은 (불쾌를 피하도록) 편향된 주목이다. 무엇보다 우리의 에고 혹은 자아[43]를 보호하기 위해서인데, '자신이 생각하는 자신'을 위협하는, 곧 자존감을 훼손하는 것이 불안의 가장 큰 원천[44]이다.

우리는 왜 우리 자신을 속이는가? "정신분석 전체 구조를 떠받치는 주춧돌"은 억압이라고 한 프로이트의 말이 가리키듯 작든 크든 고통 없는 삶은 없으며, 고해苦海를 살아가는 '호모 파티엔스homo patiens, 고통 받는 인간'에게 거짓은 필수불가결하기 때문이다. 니체가 말하듯 "거짓은 삶의 조건이다." 오스카 와일드 1854~1900는 이렇게 말했다. "인간은 개인으로 말할 때 자기 자신이 가장 아니다. 가면을 줘라. 그러면 진실을 말할 것이다."

---

43 자아란 그 에고가 방어하는 것들의 총합에 다름 아니다. 그러한 자아는 "끊임없이 짜 맞추어야 하는 와중에 머물러 있는 금이 간 가면과 같다." Neel Burthon, *Hide and Seek: The Psychology of Self-deception*, Acheron Press, 2021.

44 엡스타인에 따르면 개인이 지니는 자신에 대한 관념(self-concept)의 붕괴는 바로 개인의 "심리적 죽음"에 해당한다. Seymour Epstein, *Anxiety, Arousal, and the Self-Concept*, In Mental Health Nursing, 7:14, pp.265~305.

니체는 이렇게 말했다. "가장 흔한 종류의 거짓은 그로써 인간이 자신을 기만하는 것이다." 표도르 미하일로비치 도스토옙스키[1821~1881]도 이렇게 말했다. "자신에게 거짓말하는 것은 다른 사람에게 거짓말하는 것보다 더 깊이 몸에 배어 있다." 진화생물학자 로버트 트리버스[1943~]에 따르면 자기기만은 남들을 더 쉽게 기만할 수 있게 하는 까닭에 자연 선택은 자기기만을 선호한다. 예컨대 유전적으로 가장 성공적인, 곧 가장 많은 여성을 임신시키는 남성의 최상의 전략은 자신이 아이들과 여자에게 충실할 것이라고 설득하는 것이다. 그의 의도는 사랑하고 떠나는 것인 까닭에 그것은 거짓말이지만, 최고의 성공을 위해 그는 자신부터 속인다.

세상만사가 얼추 다 그렇듯 자기기만에는 좋고 나쁜 기능이 둘 다 있다. 자기기만으로 지어낸 환상으로 삶이 더 좋아지기도 하고 나빠지기도 한다. 갓 태어난 아이에게 끊임없이 말을 건네는 엄마와 위험한 순간에 뛰어드는 영웅적 행위에 내포된 자기기만은 좋은 반면, 고통스러운 현실에서 도피하기 위한 〈세일즈맨의 죽음〉의 윌리처럼 이성을 불구화해 잘못된 판단으로 파멸에 이르게 하는 자기기만은 위험하다. 절망을 피하기 위해 자신을 부풀리면 그렇지 않고서는 접근할 수 없는 야망과 동기의 힘을 끌어낼 수 있지만, 자신을 비하하면 자칫 무력감에 빠져 삶의 동력을 잃기 쉽다. 심리학자 시모어 엡스타인은 우리가 우리 자신을 얼마나 잘못 보는지 다음과 같이 알려준다. "모범적 삶을 산 사람들은 더는 살고 싶지 않을 만큼 심각한 죄책감으로 마음이 찢어지는 반면, 끔찍한 범죄를 저지른 사람들은 일말의 양심의 고통도 받지 않는다."[45]

우리의 마음은 고통스러운 진실이나 위협적 사태를 '무시하기(피하기)', '왜곡하기', 그리고 '자신을 바꾸기' 등으로 해결한다. 첫 번째와 두 번째가 방어 기제라면, 세 번째는 정면 돌파다. 환상으로 불안과 위협을 감추기보다 고통과 불안을 끌어안은 채 현실을, 특히 '자기 자신'을 정직하게 대면하는 일인데, 위대한 용기 없이는 불가능하다. 그것이 얼마나 힘든 일인지 도스토옙스키가 『지하 생활자의 수기』에 쓴 다음의 문장이 시사한다.

"모든 사람에게는 오직 자신의 친구 이외는 아무에게도 말하지 않을 회상들이 있다. 그에게는 자신 이외는 친구들에게조차 말하지 않을 다른 비밀스러운 사안들이 마음에 있다. 그런데 인간에게는, 심지어 자신에게조차 말하기 두려운 것들이 있으며, 사람다운 사람은 모두 그러한 것들을 자신의 마음에 많이 쟁여두고 있다. 사람다울수록 그러한 것이 더 많다."

사람다울수록 누구에게도 말하기 두려운 것들을 마음에 간직하고 있다니 진실로 사람다운 사람이 가면을 쓰지 않고

---

45   Daniel Goleman, *Vital Lies, Simple Truths: The Psychology of Self-deception*, Bloomsbury, 1997, p.98, 재인용.

사는 일은 얼마나 힘들까. 진실한 삶을 살아가려 애쓰는 일은 얼마나 어려울까. "유용한 거짓보다 해로운 진실이 더 좋다."는 노벨 문학상 수상 작가 토마스 만[1875~1955]의 말처럼 자신의 문제들을 가감 없이 관철함으로써 고통을 통해 성장을 도모하는 방식이 가장 바람직하겠다.

그런데 도스토옙스키가 말하듯 사태가 그런 까닭에, 범인은 선뜻 마음 내기 어렵다. 어렵게 마음을 내도 제대로 실천하기 어렵다. 그리할 때 그것이 항차 펼쳐낼 알 수 없는 불안과 위험을 감수해야 하기 때문이며, 무엇보다도 그로써 자신을 바꾸어나가야 하기 때문이다. 명철한 자기지식으로 자신, 타인들, 그리고 세계에 대해 조금씩 깨달아가며 충만하고 고귀한 자신의 잠재성을 실현하는 것은 실로 도저한 일이다.

그리하여 대부분의 사람은 현실 도피를 택한다. 자신이 지어낸 환상에 머물거나 술, 마약, 포르노, 노름, 과소비, 과식 등 현실을 망각하게 해주는 것에 의존한다. 시나브로 본디보다 훨씬 큰 대가를 지급해야 하지만, 그리하는 것이 손쉬운 일일 뿐 아니라 엄마 품에 안긴 아이 때처럼 잠시나마 마냥 행복하기 때문이다. 단기간의 쾌락을 위해 유예한 고통이 더 큰 고통이 되어 돌아오겠지만, 지금 여기의 나는 적은 비용으로 쉬이 단꿈에 젖는다. 윌리엄 시워드 버로스[1914~1997]가 작품 『네이키드 런치』[46]에서 고발했듯 소비를 맹목적으로 숭배하는 마케팅 사회가 최고의 자본과 기술을 동원해 우리의 비판적 이성을 마비시켜 상품 중독을 유발하는 환경에서 손쉬운 단꿈에 빠져드는 일은 그리 유별난 것이 아니다.

독립 영화계의 뉴욕 대부와 같은 존재 아벨 페라라[1951~]의 작품 〈어딕션〉은 중독을 권장하는 악의 사태 앞에서 우리의 의지가 얼마나 약한지 충격적으로 보여준다. 영화의 주인공인 철학과 박사 과정 학생 캐슬린은 지도 교수에게 이렇게 말한다. "의존은 황홀한 거예요. 어떤 박사 자료의 구성보다 영혼에 더 도움 돼요." 중독은 "우리가 정말 얼마나 아픈지 망각하도록" 돕는다. '호모 파티엔스'는 존재하는 방식이 다르다. "나는 생각한다. 고로 존재한다."가 아니라 "나는 포기한다. 고로 존재한다. 나는 중독된다. 고로 존재한다."

우리는 의식의 차원에서든 무의식의 차원에서든 불안과 외로움을 잠재울 수 있을 법한 것에 쉽게 끌린다. 그리고 서서히 습관성 중독으로 발전한다. 틱 장애에서 애타적 사회 봉사에 이르기까지 폭이 넓고, 스포츠에서 악성적인 약물 중독까지 방식이 다양하지만, 현실 도피라는 마음의 동기는 똑같다. 주체하기 힘든 자신의 부정적 감정을 스포츠 경기로 승화하는 것은 긍정적이지만, 그로써 승부에 강박적으로 매달리게 되는 것은 부정적이다. 장애인이나 노인, 심지어 자신의 식구를 돌

---

46 버로스의 설명에 따르면 "네이키드 런치[Naked Lunch]"가 뜻하는 것은 "모든 사람이 모든 포크의 끝에 있는 것을 보는 얼어붙은 순간"이다.

보는 데 헌신함으로써 자신의 문제를 (방치하는 방식으로) 잊는 것은 긍정적이지만, 자신의 역할이 사라지면서 찾아드는 불안, 스트레스에 시달리는 것은 부정적이다.

환상은 현실 도피의 출발점이자 귀착지이며, 몰입과 중독의 삶이 싹트는 온화한 대지다. 냉혹한 현실을 등지게 하는 독이기도 하고, 그것을 살아가게 하는 약이기도 하다. 더 중요하게 환상 없는 삶은 근본적으로 불가능하다. 정확히 그러한 까닭에 환상이라는 양날의 검은 세심하고 정교하게 다루어야 할 삶의 중핵이다.

죽음이 온다 살아야겠다

7.
환상

"엄마 없는 아기는 없다." 대상관계이론과 발달심리학에 큰 공헌을 한 도널드 우즈 위니컷[1896~1971]의 이 말을 끌어다 이렇게 써도 될 듯하다. '환상 없는 삶은 없다.'

환상은 우리가 '세계내존재'로 살아가는 데 핵심 기능을 떠맡는다. 일반적으로 환상의 대척으로 간주하는 현실, 좀 더 정확히 현실 감각도 우리의 마음과 그것이 미치는 외부 세계 간의 주고받기에서 출현하는 하나의 창작물이다. 우리가 생각하는 현실이란 현실과 환상의 결합물이라는 것이다.

'엄마 없는 아기'를 상상할 수 있듯 '환상 없는 삶'도 상상할 수 있다. 그리고 그때 그것이 주는 이미지는 불모의 사막혹은 동토다. 종교적 헌신, 국가와 민족을 위한 희생, 사랑에 빠지거나 깊이 증오하기, 무언가를 맹렬하게 추구하기, 영혼까지 끌어다 쓴다는 청년들의 재산 증식의 열정 등 일반적으로 삶의 생기를 강력하게 유지하게 해주는 것은 모두 환상의 힘에서 비롯한다.

"청년 부채 10년 새 2.5배 늘었다."[47] KBS의 뉴스가 이면에 드러내는 것은 가공할 환상의 힘이다. 한국보건사회연구원의 조사에 따르면 2021년 기준 (19~39세) 가구의 평균 부채액은 8,455만 원인데, 이것은 임대 보증금을 뺀 금융 부채다. 부채가 있는 청년 가구만 따지면 1인당 1억 1,511만 원으로, 소득 대비 부채 상환 비율이 300퍼센트를 넘는 청년 가구가 21.75퍼센트에 이른다. 청년 가구주 5명 중 1명이 연소득의 3배 이상의 대출 원금과 이자를 매년 갚아야 한다는 뜻이다. 다른 연령층도 부채가 증가했지만, 청년층의 증가세가 유독 가파르다. 청년 세대가 다른 세대보다 더 큰 무리수를 두었다는, 달리 말해 누구보다 더 환상에 부풀어 현실에서 크게 이탈했다는 뜻이다.[48]

---

47 "급증한 한국 청년 빚 … 도와야 할 것과 돕지 말아야 할 것." KBS NEWS, 2023. 04. 23. https://news.kbs.co.kr/news/view.do?ncd=7658523&ref=A

48 "모두를 위한 거래"라는 광고가 사회 관계망 매체에 매년 는다. 금융 시장에서 큰돈을 벌 수 있다는 환상을 미끼로 돈을 버는 업체들이 늘어나면서 거기에 무리하게 끼어드는 사람들이 늘어난다. 멋진 자가용과 주택의 이미지를 넌지시 배경으로 만들고 유명한 연예인이나 사회 명사를 내세워 "초보자도 할 수 있다.", "당신과 같은 사람들이 이미 돈을 벌고 있다.", "수수료가 없다.", "짧고 간단한 교육이면 충분하다.", "전문가들이 언제든 도와준다.", "금융 자유를 보장한다.", "인내와 투자금만 있으면 된다." 등으로 광고해 ETF(상장지수펀드), CFD(장외파생상품), 암호통화 시장으로 청춘들을 끌어들인다. "합법화된 거짓말"(허버트 조지 웰스)인 광고는 가장 탁월한 환상 기계다.

죽음이 온다 살아야겠다

대부분의 사람은 삶이 무겁고 절박할수록, 고통스럽고 힘들수록 장밋빛 거짓 환상에 쉽게 빠진다. 그럴 뿐 아니라 노벨문학상 수상 작가 유진 글래드스톤 오닐[1888~1953]의 희곡 〈얼음 장수 오다〉에 따르면 삶의 의지가 완전히 빠져나간 사람들은 거짓 환상 말고는 딱히 삶을 이어갈 힘이 없다.

다소 초연하게 사태를 관망하는 '바보 철학자' 래리, 래리를 찾아와 오직 그의 공감만 애타게 구하는 열여덟 살 청춘 패릿, 철물 세일즈맨 리키, 그리고 바텐더 로키 등 몇 인물을 제외한 나머지 거의 모든 〈얼음 장수 오다〉의 극중 인물은 각자 자신이 지어낸 과거의 영광과 도래할 삶의 근사한 풍경에 스스로를 감금한 채 오직 술의 힘으로 살아간다. 오닐은 제1막 서두에 분신인 래리를 통해 싸구려 술집이자 여관에 눌어붙어 살아가는 이들이 삶의 막다른 골목에서 서성이는 삶의 낙오자들이라는 점을 밝힌다.

"[여기가] 어떤 곳이냐고? 기회 없는 살롱이지. 밑바닥 술집이지. 종착역 카페지. 해저 식당이지! 아름답게 고요한 분위기를 눈치 못 채겠니? 그건 이곳이 마지막 항구이기 때문이야. 더는 갈 수 없어서 여기서는 다음에 어디로 가야 할지 아무도 걱정할 필요가 없어. 대단한 위안이지."

막다른 현실이 그들에게는 오히려 위안이다. 끝없는 현재에 붙잡힌 이들에게 살아갈 생명을 주는 것은 진실이 아니라 몽상이다. 또다시 래리의 말이다. "진실 그까짓 게 뭐라고! 세계사가 증명하듯 진실은 아무것과도 상관없어. 변호사들 말처럼 진실은 터무니없고 실체가 없어. 취했든 말짱하든 잘못 태어난 우리 미친 운명에 생명을 주는 건 거짓 몽상^{pipe dream}이야."

환상과 술에 기대어 살아가는 이들이 유일하게 기다리는 것은 리키의 방문이다. 성공한 사업가 리키는 1년에 두어 번 찾아와 술과 유쾌한 농담을 흥청망청 즐기도록 해주는데, 마침 술집 사장 해리의 생일이 임박했다. 그런데 해마다 생일 이틀 전에 오던 그가 이번에는 하루 전에 나타나 술을 끊었다는 충격적인 말을 전한다. 그리고 놀라운 의도를 이렇게 밝힌다.

"너희를 몽상에서 구원하리라 마음먹었어. 나는 지금 경험으로 알아. 몽상이 진짜로 삶을 망치는 독이라는 것을, 평화를 얻지 못하게 한다는 것을 말이야. 내가 지금 얼마나 자유롭고 만족하게 느끼는지 안다면 말이야. 나는 새로운 사람 같아. 용기만 내면 치료는 진짜 간단해. 정직이라는 오래된 약이 최선의 방책이야. 자기 자신에 대한 정직 말이야. 자신에 대한 거짓말과 내일에 대한 기만을 그냥 그만두라는 거야."

결국 그중 여럿이 리키의 등살에 떠밀려 현실 세계에 발

죽음이 온다 살아야겠다

을 디딘다. 그리고 그들 모두 리키의 예상대로 머지않아 좌절하고 돌아와 다시 술과 환상의 세계에 삶을 기탁한다. 문제의 전모를 볼 수 있는 운명 덕분에 환상에서 비켜선 유일한 인물인 래리는 삶에 대한 해답은커녕 불어난 질문들에 휩싸여 삶이 두렵다. 그럴 뿐 아니라 죽음은 더더욱 두려워 그는 삶과 죽음 사이에서 꼼짝달싹하지 못한다. 살 수도 죽을 수도 없는 그는 살아 있는 시체다.

"진리가 너희를 자유케 하리라."(요 8:32) 자기 자신과 세상에게 정직한 삶은 우리에게 참다운 자유와 평화와 만족을 준다. 리키의 이 주장은, 진실은 그 자체가 치유의 힘이 있다고 확신한 프로이트[49] 생각의 각색이다. 어떤 상황에서든 참으로 정직할 용기와 힘이 있다면 진정 그럴 것이다.

그런데 오래전 많은 심리 치료사가 치유의 방편으로 장려한, 자신을 통째로 드러내는 방식의 "전면적 맞섬"은 오늘의 거의 모든 작품에서 확인할 수 있듯 파괴적이다. 현대극의 아버지라 부르는 헨리크 요한 입센[1828~1906]이 희곡 〈들오리〉에 도입한 "치명적 거짓vital lie"이라는 말처럼 어떤 거짓은 그것이 드러나면 그것에 연루된 사람들이 치명적 상처를 입고 그동안 큰 문제없이 살던 삶이 뿌리째 흔들린다. 자신과 세상을 정직하게 대면하는 일은 실로 고통스럽다. 어니스트 베커[1924~1974]

---

49   Otto Rank, *Beyond Psychology*, Dover Publications, 1941, p.279.

는 퓰리처상 수상 저서인 『죽음의 부정』에서 이렇게 썼다. 자신을 방어하는 왜곡과 환상을 내려놓고 세상을 있는 그대로 보는 것은 "파괴적이며 끔찍하다."[50] 우리의 '세계내존재'가 온통 손상 받기 때문이다.

자기기만은 두려움의 반작용이다. '욕구단계이론'으로 유명한 에이브러햄 해럴드 매슬로[1908~1970]는 이렇게 썼다. "많은 심리적 질환을 일으키는 큰 요인은 자기 앎에 대한 두려움이다. (…) 일반적으로 그러한 종류의 두려움은 우리 자신에 대한 자존감, 사랑, 그리고 존경의 보호라는 점에서 방어적이다."[51]

우리가 정상이라고 생각하는 바로 그 정상의 본질은 "현실의 거부", 곧 "곤혹스럽고 대답할 수 없는 삶에 대한 질문들"을 하지 않는 것이다. 정상인은 자신이 갖춘 방어 기제로 사소한 일상의 문제들에 자신의 마음을 묶어둠으로써 근본적으로 심란하게 하는 것들을 의식하지 않는다. 자신이 지어낸 환상에 기대어 존재의 심연(자신의 무가치성과 세계의 무의미성)을 들여다보지 않는다. 자기기만으로 힘겹게 유지하던 자존감[52]이 (거짓말로 무마한 보스턴 매춘사건으로) 무너진 〈세일즈맨의 죽음〉의 주인공 윌리는 마지막 자존감의 희망을 (아들을 위한) 자기

---

50 Ernest Becker, *The Denial of Death*, The Free Press, 1973, p.60.

51 앞의 책, 52쪽. 재인용.

52 베커는 『죽음의 부정』에서 이렇게 썼다. "인간이 달성하는 유일한 것은 연습된 자기기만, 곧 우리가 '성숙한' 성격이라고 부르는 것이다." 46쪽.

죽음이 온다 살아야겠다

살해에 건다. 때때로 어떤 사람에게는 죽음이 진실로 인간이 되기 위한 최초이자 최후의 가능성이다.

그런데 윌리의 삶이 보여주듯 현실을 부정하거나 외면하는 대가는 결코 만만치 않다. 윌리와 가족의 비극은 시종일관 자기기만으로 지어낸 자신의 이상적인 상(환상)을 제대로 다루지 못한 채 현실을 애써 피한 결과이기 때문이다.

윌리가 그토록 존경과 애정을 갈망했던 장남 비프는 아버지가 "가짜"라고 비난하며 자신의 삶 또한 얼마나 "터무니없는 거짓"이었는지 깨닫는다. 비프는 윌리의 무덤 앞에서 이렇게 선언한다. "아버지는 잘못된 꿈을 꿨어. 모두, 모두 잘못 됐어. (…) 그는 자기 자신을 결코 몰랐어."

비프와 달리 '희망'이라는 뜻을 지닌 아이러니한 이름의 둘째 아들 호프는 다음처럼 내뱉으며 아버지가 자기기만으로 세운 낭만적 환상을 이어가고자 결심한다. "윌리가 헛되이 죽지 않았다는 것을 다른 모든 사람에게 보여줄 거야. 아버지는 좋은 꿈을 가졌어. 넘버원 인간 되기라는, 우리가 가질 수 있는 유일한 꿈을 말이야. 그는 여기서 사생결단했으며, 이곳이 그를 위해 내가 이길 곳이야."

그러니 삶의 진리는 아마 환상과 환멸 그 사이 어딘가에 있으리라.

8.
삶의 진리

삶의 진리가 환상(거짓)과 현실(진리) 사이의 어디쯤에 있을 법하다는 생각은 다음의 사실에 기초한다. 인간은 동물이자 상징으로 혹은 다르게 말해 몸이자 자아로 형성된 갈등의 존재다. 자연 법칙에 따르는 몸(욕구)과 문화의 구성물인 정신(욕망)은 차원이 달라 매끄러운 봉합이 불가능하다. 니체는 그것을 시적으로 이렇게 표현했다. "인간은 짐승과 위버멘쉬(모범 인간)가 묶고 있는 심연 위의 밧줄이다." 심연 속으로 떨어지지 않기 위해서는 짐승도 위버멘쉬도 꼭 붙잡아야 한다.

아리스토텔레스기원전 384~기원전 322에 따르면 "기껏해야 모든 동물 중 가장 고귀한 동물"인 인간은 "법과 정의에서 분리될 때 최악의 동물이다." 인간 동물을 동물 인간으로 만드는 것은, 달리 말해 동물적인 인간을 인간적인 인간으로 만드는 것

죽음이 온다 살아야겠다

은 상징 체계(언어와 법)다. 인간은 현실(자연 세계)과 환상(인공 세계) 둘 모두에 속한 존재다.

우리의 삶이 고통스러운 것은 몸도 우리 마음대로 되지 않은데 마음도 우리 마음대로 되지 않기 때문이다. 병들고 늙고 죽는 몸도 받아들이기 힘들고, 그것에 붙잡힌 마음도 어찌할 수 없다. 정신과 의사이자 정신분석가 프레드릭 살로몬 펄스1893~1970에 따르면 실존의 불안을 낳는 구조는 네 겹으로 구성되어 있다. 첫 번째와 두 번째는 일상의 역할 놀이 겹, 세 번째는 공허와 소외의 감정을 은폐하는 방어 기제 겹, 그리고 네 번째는 "죽음 또는 죽음에 대한 두려움"이 은밀하게 자리 잡는 가장 곤혹스러운 겹이다. 구체적 삶의 실행 상태에 관여하는 전두엽, 감정 상태에 관여하는 변연계, 생존 상태에 관여하는 뇌간 등으로 구성된 우리의 뇌 구조와 똑같다.

살아 있는 유기체의 일차적 관심은 자신을 보존하는 것, 곧 생명을 지속하는 것이다. '자기보존 본능'이다. 그런 까닭에 우리는 죽음에 대한 생각과 두려움에서 결코 벗어날 수 없다. 그런데 흥미로운 현상은 우리 모두 언젠가 죽는다는 사실을 분명히 알면서도 내심 그것을 내 구체적 사건으로 받아들이지 않는다는

---

53 프로이트는 이렇게 썼다. "죽음은 자연적이며, 부인할 수도 피할 수도 없다. 우리는 그런데 현실적으로는 마치 그것이 다른 것인 양 행동하는 데 익숙하다. (…) 마음 깊은 곳에서는 누구도 자신의 죽음을 믿지 않는다. 혹은 달리 말하자면 무의식에서는 우리 모두 각자 자신의 불멸성을 확신한다."

것이다. 인간은 죽을 수밖에 없지만, 나는 그 사실을 가슴으로 받아들이지 않는다.[53]

그러니 특별한 사태가 눈앞에 출현하기까지는 죽음에 대해 그다지 신경 쓰지 않지만, 그렇다고 해서 존재적으로 온통 그런 것은 아니다. 죽음에 대한 두려움의 감정은 결코 사라지지 않고 다만 억압된 채 늘 거기서, 그러니까 우리 마음 깊은 곳에서 서성이기 때문이다. 정신과 의사이자 정신분석가 그레고리 질부르그[1890~1959]는 이렇게 썼다. "보이는 모든 곳 저변에 죽음의 두려움이 보편적으로 현존한다."

우리의 마음을 지배하는 가장 깊은 층위의 요구는 죽음(과 소멸)의 불안에서 벗어나는 것이다. 그런데 바로 그 불안을 야기하는 것은 얄궂게도 삶(생명) 자체다. 그런 까닭에 우리의 삶이 위축된다.

20세기 영국의 대표적 지성인 데임 아이리스 머독[1919~1999]은 이렇게 썼다. "우리는 공상의 세계, 환상의 세계에 산다. 삶의 가장 큰 과제는 실재(현실)를 찾는 것이다." 우리가 환상에 기대어 사는 것은 현실이 끔찍하기 때문이다. 인간 세상 바깥의 자연(우주)은 인간사에 철저히 무관심하고 무자비하며, 무가치하고 무의미하다. 거기는 아무도 우리의 기도와 절규를 들어주는 이가 없다. 거기서는 인간이 걸어온 역사와 일구어 온 문명, 심지어 인간이라는 종마저 잠시 머물다 소멸하는 하루살이와 한 치 다를 바 없다.

죽음이 온다 살아야겠다

인간 세상도 끔찍하기는 그리 다르지 않다. 자궁에서 나온 아기는 보호자 없이는 생존이 불가능한 기간을 어떤 동물보다 길게 보낸다. 그리하여 절대적으로 무력한 상태가 초래하는 다양한 형태의 스트레스를 거쳐 한 인간으로 성장한다. 그리고 성인이 되어서도 '마땅한 나'와 '현실의 나' 간의 갈등, 인간 관계가 수반하는 다양한 스트레스, 불확실하고 불안정한 삶의 환경, 죽음이 초래할 '자아의 소멸' 등이 유발하는 두려움과 불안을 겪는다. 환상은 정상적 삶을 살기 위한 필수 요건이다.

실존의 불안에서 벗어나기 위해 인간이 발명한 최고의 환상은 종교다. "수고하고 무거운 짐 진 자들아 다 내게로 오라. 내가 너희를 쉬게 하리라."(마 11:28) 온 힘을 다해 온 마음과 온 영혼을 절대자에게 맡기면 불안과 두려움에서 벗어나 평강을 얻을 수 있다는 복음이다.

그런데 신이란 프로이트에 따르면 미성숙하고 이기적인 인간이 자신의 무기력, 두려움, 확실한 보호와 만족 등을 해결하기 위해 어릴 때 경험한 아빠를 이상적인 이미지로 투사한 환상이다. 우리는 영원히 아이로 머물 수 없을 뿐 아니라 종국에는 '적대적 삶'을 살아야 하는 까닭에 환상에서 벗어나야 한다.

랑크와 제임스의 생각은 프로이트와 다르다. 이들에 따르면 신이나 종교적 경험은 이기적 두려움에 대한 반사 작용의 소산이 아니라 "진정한 삶의 갈망의 생장," 곧 충만한 의미의 확장이다. 그리고 그 경험은 자아에서 해방될 때 비로소 열린다. 궁극적 실패와 절망의 상황, 곧 자아를 포함해 모든 것을 내려놓을 때 문득 깃든다. 제임스는 생애 마지막 주저 『A Plural Universe』에서 이렇게 썼다.

> "우리 자신의 의지를 포기하고 더 높은 것이 우리를 위해 일하도록 하면 그것을 토대로 하는 (…) 또 다른 종류의 행복과 힘의 가능성들이 우리에게 있다. 그것들은 물리학이나 속물 윤리가 상상할 수 있는 것보다 더 넓은 세상을 보여주는 것 같다. 어떤 형태의 죽음에도 아니 어떤 형태의 죽음 때문에 모든 것이 좋은 세계가 있다. 희망의 죽음, 힘의 죽음, 책임의 죽음, 두려움과 걱정의 죽음, 능력, 그리고 포기의 죽음, 쾌락주의, 자연주의, 율법주의가 믿고 신뢰하는 모든 것의 죽음 말이다."[54]

이 관점에서 종교는 환상이 아니라 더 높은 실재(현실)다. 종교는 우리를 구원의 경험이 밀려오는 "더 큰 자아", "더 큰 영혼"과 합일케 하는 보이지 않는 영적 환경으로 이끈다.[55]

---

54 William James, *A Plural Universe*, pp.305~306.
55 앞의 책, 307~308쪽.

실존의 불안을 극복하고 그로써 삶을 충만하게 살기 위해 인간이 발명한 또 다른 환상은 문화다. 베커는 이렇게 썼다.

"인간은 '두 번째' 세계, 인간적으로 창조된 의미, 인간이 살고 극화하고 자양분을 취할 새로운 현실이 필요하다. (…) 문화적 환상이란 자기정당화에 필요한 이념, 곧 상징적 동물에게 삶 그 자체인 영웅적 차원이다."[56] 자아의 옷을 벗고 아가페의 열정으로 절대적 존재에 헌신하는, 그리고 그로써 합일을 도모하는 초인간적 차원이 아니라 죽음에 맞서는 자기긍정의 힘으로 더 광대한 삶, 곧 천상천하 유아독존의 삶을 도모하는 '인간적인, 너무나 인간적인' 차원이다.

자의식을 지닌 인간은 운명적으로 에고이스트다. 이타도 이기의 한 방식이다. 우리 모두 자신은 누구 못지않게 특별한 존재이며, 세상은 자신을 중심으로 돌아간다. 삶이라는 무대의 주인공이다. 그런 까닭에 "가장 깊은 영혼 속에서 여전히 아이이며 평생 아이로" 머물며,[57] 마음 깊은 곳에 죽음의 두려움이 똬리 틀고 있는 우리는 영웅 되기를 갈망한다. "사회 자체가 코드화된 영웅 체계"이며, "각각의 문화 체계는 처칠, 마오 혹은 부처의 높은 영웅주의에서 광부, 농부, 단순한 신부에 이르기까지 세속 영웅들의 극화다." "영웅성에 대한 충동

---

56 Ernest Becker, 앞의 책, 189쪽.
57 Sándor Ferenczi, *First Contributions to Psycho-Analysis*, trans. by E. Jones, Hogarth Press, 1952, pp.71~72.

은 자연적이다. (…) 영웅성의 문제는 인간 삶의 핵심이다."[58]

비록 반영웅anti-hero이 주인공인 세상에 사는 우리의 청춘들이, 자신들이 너무 작다 느껴 영웅적 삶에 등을 돌리지만, 각자의 내면에는 여전히 어떤 영웅이 웅크리고 있다. 틸리히의 '존재할 용기'가 부족해 숨죽인 채 움츠리고 있을 뿐이다. 그러니 우리는 우리 자신의 영웅을 깨워야 한다. 그리해야 심연의 무無를, 세계의 무의미성을, 실존의 두려움과 불안을 끌어안고서도 위축되지 않고 우리에게 주어진 삶의 최대치를 살수 있기 때문이다.

프로이트의 언설에서 흥미로운 점은 종교라는 환상에서 깨어날 수 있다는 자신의 희망 또한 환상일 수 있다는 것이다.[59] 이것은 다음을 가리킨다. 어떤 환상에서 깨어나는 일은 다른 환상으로 갈아타는 일이다. 그러니 삶의 진리는 환상에서 깨어날 수 있다는 바로 그 환상을 버리는 데, 곧 환상에 기대어 사는 삶이 진짜 현실이라는 데 있을 것이다. 카뮈가 들려준 이야기다. 욕조에서 낚시 중인 사람에게 고기가 좀 무는지 정신과 의사가 묻자 그가 이렇게 대답했다. "당연히 안 물지. 바보야. 이건 욕조잖아."

58 E. Becker, 앞의 책, 4~7쪽.
59 S. Freud, 1961, p.53.

죽음이 온다 살아야겠다

9.
자기초월

인간의 핵심 과제는 '인간적인' 삶을 최대한 충만하게 사는 것
이다. 그리하기 위해서는 우선 동물성을 넘어서야 하는데, 그
일은 실존의 가치를 물음으로써 시작된다. 내 고유한 실존의
가치와 삶의 목적은 무엇인가? 이 물음이 직격하는 것은 인간
의 '동물성'이다.

　니체는 '동물성'을 삶의 가치가 외재적으로 결정되는 상태
로 규정한다.[60] 자연의 본능이나 사회적 목적에 의해 삶의 가
치가 결정되는 상태가 동물성이라는 것이다. 그렇다면 인간성
은 그 반대, 곧 삶의 가치가 내재적으로 결정되는 상태, 달리

60　Jeffrey Church, *The Aesthetic Justification of Existence: Nietzsche on the Beauty of Exemplary Lives*, In Journal of Nietzsche Studies, Vol. 46, No. 3, pp.289~307.

말해 개별성 혹은 주체성이 삶의 중심을 이루는 상태라고 할 수 있겠다. 칸트의 언어로 말하자면 내가 내 삶의 가치의 입법자로 사는 것이 '인간적인 인간'의 삶이라는 것이다. "인간은 오히려 무리 동물, 곧 두목이 이끄는 무리 속의 개별적 예속자 creature"[61]라는 프로이트의 문장이 가리키는 것은 인간의 동물성이다. 그 문장의 주어는 니체의 관점에서 '인간적인 인간'이 아니라 '동물적인 인간'이다. 프로이트가 쓴 주어는 그만큼 '동물성'이 인간의 보편 형식이라는 점을 환기한다.

니체에 따르면 우리 대부분은 "동물성에서 빠져나오는 데 실패"[62]한다. 왜 그런가? 우리는 '동물 되기'에 의해 '사회적 인간'이 되기 때문이다. '사회적 인간'이 되기 위해 나는 내가 태어나기 전부터 존재해온 상징 체계(언어와 법)에 무조건 편입해야 한다. 사회적 체제에 맞추지 않고서는 '사회적 인간'이 될 길이 없기 때문이다. 기성의 언어와 법, 도덕을 포함해 이른바 '문화'라 불리는 인공물에서부터 "내 욕망은 타자의 욕망"이라는 라캉의 정식이 뜻하듯 욕망하는 대상과 방식까지 부모와 타인들, 그리고 무엇보다도 각종 대중 매체를 통해 그 삶의 방식과 내용을 습득함으로써 비로소 사회의 한 구성원이 된다. 나는 이름 없는 '그들das Man'이 말하고 행동하고 느끼고 생각하

---

61 S. Freud, *Group Psychology and the Analysis of the Ego,* trans. by J. Strachey, The Hogarth Press, 1949, p.89.

62 J. Church, 앞의 논문.

죽음이 온다 살아야겠다

는 방식을 재현한다. 공부하고 일하고 사랑하고 놀이하는 방식을 체득한다. '그들'의 삶의 형식을 답습한다. 그로써 '그들'의 일부로 산다. 그러니 소설가 장강명이 썼듯 "흥미로운 생각을 품은 사람이 무척 드물다.", "뻔한 생각을 하거나 별생각이 없는 사람이 압도적으로 많다."[63]

'사회적 인간', 곧 "무리 동물"에서 벗어나는 첫 걸음은 자신의 내면에 귀를 기울이는 것이다. 니체에 따르면 내면은 우리에게 이렇게 말한다. "네 자신이거라! 네가 지금 하고 있고, 생각하고 있고, 욕망하고 있는 모든 것은 네 자신이 아니다."[64] 그렇다면 '진짜 나'는 어디 있는가? 니체는 이렇게 대답한다. 그것은 "네 속 깊이 숨겨져 있는 것이 아니라 너의 위 헤아릴 수 없이 높은 곳에 혹은 적어도 네가 흔히 생각하는 너 자신 위에 있다."[65]

엄밀히 말하자면 '진짜 나'는 없다. 그뿐 아니라 진짜와 가짜의 문제를 떠나 그냥 '나'도 없다. 언어 영역에서 '나'는 내가 발화하는 순간 차지하는 주어인 텅 빈 장소일 뿐이며, 사회 영역에서 '나'는 사회적 위치와 역할을 수행할 때 발생하는 사회적 자아라는 텅 빈 가면일 뿐이다. 그렇다면 '나'라는 호칭의

63 장강명, 「흥미로운 중년이 되기 위하여」, 중앙일보, 2023. 05. 10.

64 Friedrich Nietzsche, *Schopenhauer as Educator*, In Untimely Meditations, trans. by R. J. Hollingdale, Cambridge University Press, 2007, p.127.

65 F. Nietzsche, 앞의 책, 129쪽.

주인은 누구인가? 혹은 무엇인가? 예수가 말했듯 "나는 나다 I am who I am."(출 3:14) '나'라고 부르는 나는 '나'라는 호칭으로밖에 나타낼 수 없는 존재다. 모든 사람은 '나'다. 그러니 천상천하 유아독존으로 존재하는 나는 '지금 여기 존재하는 무명無名'인 셈이다. 그런데도 현실 세계에서 나는 호칭을 가진 한 개인으로 엄연히 존재한다. '현실의 나'는 교수, 건축가, 작가, 아빠, 친구 등이다. 상황에 따라 생기거나 소멸하는, 한시적인, 그리고 복수의 '사회적 자아들'이다.

그런 까닭에 이렇게 말할 수 있겠다. '진짜 나'는 어떤 '사회적 자아'도 정합하지 않는 갈망이자 머뭇거림이다. 나는 세상의 어떤 호칭으로도 온전히 드러나지 않는 까닭에 갈망이며, 어떤 매체로도 나타낼 수 없는 까닭에 머뭇거림이다. 나 또한 온전히 붙잡을 수 없고, 붙잡았다고 생각하는 실체도 형상을 그려낼 수 없으니 당장 나에게 그것은 의식일 뿐이다. '진짜 나'는 내 몸에 있다. 그리고 내 몸은 '우주의 먼지stardust'로 구성되어 있으니[66] 나는 우주에도 있다. 혹은 우주이기도 하다.

따라서 '진짜 나'를 찾는 길은 아득한 우주의 빛과 내 몸에서 떨림으로 머뭇거리는 갈망에 따라 움직이며 삶을 열어가는 것이다. 그리고 생각하고 행동할 뿐 아니라 붙잡은 만큼 내

---

66 Martin Rees, *We Are All Stardust*, In We Are All Stardust, trans. by R. Benjamin, The Experiment, 2015.

죽음이 온다 살아야겠다

앞에 지어내는 것이다. 그리해야 비로소 그것이 얼마나 '진짜 나'인지 가늠할 수 있고, 그로써 다르게 도모할 수 있기 때문이다. '진짜 나'를 찾는 것은, 그 다음은 좀 더 가깝기를 희망하며 온전히 붙잡을 때까지 하는 그 일의 (차이를 낳는) 반복이다.

'진짜 자기'를 찾는 것은 '지금 여기의 자기'를 넘어서는 자기초월의 과업이다. 그리고 그것은 누구도 대신할 수 없는 고유한 존재, 곧 앞의 니체의 용어로 '동물적 인간'에서 '인간적 인간'이 되는 과업이다. 세계내존재에서 벗어나 텅 빈 우주 속에 홀로 서야 하는 위대한 일이다.

그런데 우리는 항상 이미 세계 안에 있었고, 있으며, 있을 것이다. 따라서 자기초월은 세계 안에서 '세계밖존재'로 머무는 일이다. '진짜 자기'가 무엇이든 그것은 오직 세계의 직물로 직조될 때 현실성을 획득하고, 그때 비로소 현실 세계에 실존한다. 그러므로 '진짜 자기' 혹은 그것에 접근하는 자는 사회적이면서 비사회적인 인간이다. 그/녀는 아마도 기성의 언어를 균열 내거나 비틀어 자신의 말을 지어내고, 기성의 욕망의 도피선을 찾아내어 자신의 욕망을 생성할 것이다. '그들'의 삶의 형식으로써 자신의 고유한 삶의 형식을 지어낼 것이다.

'진짜 자아'도 그렇지만, 그것을 찾아나서는 자아도 그렇다. 자아와 비^非자아는 공존한다. 기도, 명상, 접신, 환각제 등을 통해 자아를 망실해 신이든, 어떤 더 높은 존재든, 우주의 마음이든 그 바깥 존재에 동화되더라도 (아마도 그로써 이미 어느 정도 변화되었을 법한) 자아로 이내 환속한다. 무아無我를 품는 자아로 머문다. 혹은 더 극적으로 무아가 된 자, 곧 자아에서 해방된 무상無常의 자아가 된다. 인간은 자아로써 산다. 자아 없는 삶은 단순히 불가능하다.

'진짜 자기'는 현실화를 갈망하면서도 내면에서 머뭇거린다. 살아갈 일이 불안하고 죽음이 두려워서다. 그리하여 대부분의 인간은 슬프게도 인간이 되어보지 못한 채 죽는다. 무리 사회의 집단 의식은 우리의 상상력을 옥죄고, 교육, 직업, 의료, 출생, 결혼, 출산, 사망 등 생활의 제도화는 욕망을 길들인다. 세계의 "폭력"[67]인데, 거기에 맞서지 못하는 것은 그놈의 당장 살아갈 일 때문이지만, 죽음의 두려움이 문제의 뿌리다. 무無 혹은 비존재의 불안을 잠시 잊거나 외면하거나 부정할 수 있어도 생명의 본능은 거기서 결코 자유로울 수 없다. 어둠이, 문득 나타나는 사람이, 별안간 치는 천둥과 벼락이 까닭 없이 무서운 것은 그래서다. 가진 자가 도둑을 염려하듯 생명의 의지가 강할수록 죽음의 그림자는 짙다. 사랑이 깊을수록 헤어지는 것이 두렵고, 사랑할수록 잃을까 불안하다.

매슬로는 죽음의 불안 때문에 충만한 강도로 살지 못하는

---

67 Wallace Stevens, *The Necessary Angel: Essays on Reality and the Imagination*, Alfred A Knopf, 1951, p.36.

죽음이 온다 살아야겠다

상태를 '요나 증후군 ^{johah syndrome}'이라 불렀다. 프란치스코 교황이 보기에 현대인은 '요나 증후군'에 시달린다. 요나 선지자처럼 삶의 문제들 앞에서 안전한 피신처로 도피하는 이들이 늘어 "무관심의 지구화"가 만연하다. 교황이 꼽는 안전한 피신처는 "개인주의, 영성주의, 작은 닫힌 세계, 의존, 순응, 미리 확립된 도식의 반복, 독단주의, 향수, 비관주의, 규범의 피난처" 등이다. 그로써 고통 받는 이들을 만나고, 연대하고, 기쁨과 슬픔을 나눠야 할 세상이 차갑고 외롭게 변해간다. 교황은 우리가 다시 한번 마음을 다지고 용기를 내어 현실이 아무리 고통스러워도 헌신의 태도로 그것과 맞닥뜨리기를 청한다. 틸리히가 밝힌 "존재할 용기"가 절실하다.

10.
지고의 가치

용기는 모든 덕성 중의 으뜸이며, 그것들의 토대다. 용기 없이는 다른 덕성, 예컨대 정직과 정의를 행동으로 옮길 수 없기 때문이다. 그래서 용기를 서방교회의 저명한 신학자 토마스 아퀴나스[1225~1274]는 "보편적 덕성, 더 정확히 말해 모든 개별 덕성의 조건", 그리고 시인이자 평론가 새뮤얼 존슨[1709~1784]은 "덕성 중의 가장 위대한 덕성"이라고 했다. 『니코마스 윤리학』에서 아리스토텔레스는 "용기는 모든 덕성이 '자발적'이 되도록 하는 데 결정적"이라고 썼다.

용기는 '받아들임'과 '나아감'이다. 용기란 내가 처한 상황을 받아들이고, 앞으로 나아가는 것이다. 두렵지만 물러나거나 위축되지 않고, 내가 의미나 가치가 있다고 판단하는 것을 위해 감행하는 것이다. 용기란 두려운데도 내가 소중히 여기

죽음이 온다 살아야겠다

는 것을 위해 행하는 결행이다. 그러니 논리적으로 보자면 어떤 대상에서 느끼는 두려움보다 그것을 붙잡고자 하는 욕망이 더 크다면 크게 힘들지 않게 그것을 향해 나아갈 수 있을 것이다. 두려운 느낌보다 고수하고 지향하고자 하는 것이 더 강하다면 두려움을 마치 약 삼키듯 받아들일 수 있을 것이다. 따라서 죽음마저 받아들이게 할 만큼 큰 삶의 가치를 찾는 것이 용기를 북돋는 길보다 쉬울 것이다.

빅토리아 시대 최고의 작가 찰스 존 허펌 디킨스[1812~1870]의 『두 도시 이야기』의 주인공 시드니 카턴의 경우가 그렇다. 루시의 평온한 삶이 무너지는 것을 막기 위해 목숨을 기꺼이 내어놓기로 한 그는 단두대에 가기 전 날 이렇게 고백한다.

> "나는 지금까지 해왔던 어떤 것보다 훨씬 더 좋은 것을 행한다. 나는 지금까지 알았던 어떤 것보다 훨씬 더 좋은 잠자리에 든다."

사랑을 위해 단두대의 이슬로 사그라지는 것이 인생에서 가장 좋은 일이라니 죽음(의 두려움)인들 그를 과연 어찌할 수 있겠는가. 도리어 그러한 죽음이야말로 그의 생애 최고의 성취이리라. 빈둥대며 삶을 낭비해온 카턴은 그렇게 죽음이라는 '사랑의 극한 형식'을 통해 인간 됨을 회복할 뿐 아니라 실존의 궁극적 의미를 실현한다.

그와 반대로 끔찍한 악행이지만, 자살 살해도 경우가 똑같다. 폭탄과 자신을 결구해 자신과 다른 사람(들)을 동시에 죽이는 행위 또한 당사자가 모종의 이념을 지고의 가치로 삼는 까닭에 발생하기 때문이다.[68] 세뇌의 결과이지만, 그는 자살 공격을 지하드(성스러운 전쟁)로, 그것을 행하는 자신을 순교자로 여긴다. 그리하여 그 행위가 자신에게는 천국에서 모종의 보상을, 그리고 남겨진 가족들에게는 이 땅에서 여생의 평안을 주리라 확신한다. 그는 '죽임과 죽음'을 신실성의 극한 형식으로 택한다.

두려움과 용기의 관계에서 문제는 결국 크기다. 또는 세기다. 큰 그릇은 작은 그릇을 담는다. 전체가 좋으면 더러 나쁜 부분들은 능히 받아들인다. 쓴 양약良藥은 마시는 법이다. 한 점의 의혹 없이 사후 천국을 확신하듯 자신의 삶(의 총체성)을 오롯이 긍정한다면 때때로 설령 못마땅하거나 고통스럽더라도 누구든 자신의 삶의 이러저러한 일들로 결코 좌절하지 않을 것이다. 자신의 실존을 하나의 전체로서 긍정하는 사람은

---

68 일본제국이 가미가제 군단을 동원한 1945년부터 1980년까지 세계 곳곳에서 자살 공격이 발생했다. 그 수는 극소수에 불과하다가 1981년에서 2015년까지 40개국 이상에서 무려 5천 건 가까이 증대해 4만 5천 명이 자살 공격에 의해 죽임을 당했다. 자살 살해의 빈도와 속도는 기하급수적으로 증가한다. 1980년대에는 평균 3년에 한 번, 1990년대에는 평균 한 달에 한 번, 2001년부터 2003년까지는 거의 일주일에 한 번, 그리고 2003년부터 2015년까지는 개략 하루에 한 번 발생했다. 자살 공격의 90퍼센트가 아프가니스탄, 이라크, 이스라엘, 팔레스타인 자치구, 파키스탄, 그리고 스리랑카에서 발생한다.

죽음이 온다 살아야겠다

세상의 어떤 문제나 위기에도 쉬이 꺾이지 않을 것이다. 살면서 때때로 겪을 수밖에 없는 온갖 고통도 끌어안을 것이다. 모멸감과 수치심, 그리고 죽음에 이르는 병도 거뜬히 감당할 수 있을 것이다.

그런데 무엇이 지고의 가치인가? 지고의 가치는 다른 가치를 위한 방편, 곧 도구적 가치가 아니라 그 자체가 가치를 갖는 최고의 궁극 가치다. 전자가 목적론적이라면, 후자는 비非목적론적이다. 목수가 못을 치는 것은 집을 짓기 위한 방편으로 도구적 가치를 갖지만, 누군가를 사랑하는 것은 그로써 무언가를 도모하는 것이 아니다. 게임이나 놀이처럼 그로써 가치와 의미가 완결된다.

아리스토텔레스에 따르면 어떤 행위나 욕망은 그것이 복무할 궁극의 가치가 없을 때 공허하고 부질없다. 우리는 건강하기 위해 이리저리 애쓰지만, 바로 그 건강으로써 할 수 있는 가치 있는 무엇이 없다면 건강이 별 의미 없을 것이다. 우리는 일하기 위해 건강을 챙긴다. '일해서 돈을 벌고, 실력을 쌓고, 업적을 쌓고, 그로써 더 좋은 일을 하고, 돈을 더 많이 벌고, 더 나은 환경을 만들고, 그로써 돈이든 뭐든 더 좋은 결과물을 만들고, 그리고 그로써…' 무언가를 하기 위한 이 모든 목적론적 행위는 그것들이 최종적으로 복무하는 비非목적론적 가치가 없다면 마치 아무 목적 없이 못을 치는 행위처럼 종국적으로 무의미로 귀결될 것이다. 앞서 「부조리 혹은 무의미」에서 언급한 위긴스와 멕시코 어부에게 조언한 하버드대학교 MBA 출신 미국 투자은행가의 이야기가 정확히 그렇다. 마치 홍예석 빠진 아치처럼 궁극 가치 없는 목적론적 행위는 어떤 형상도, 어떤 구조도 지어내지 못하는 파편의 공회전이나 헤겔 식의 '나쁜 무한'으로 전락한다.

지고의 가치는 그것에 복무하는 모든 행위에 가치를 부여함으로써 삶을 하나의 분명한 전체로서 의미 있게 해준다. 만약에 도덕이 지고의 가치라고 한다면, 예컨대 예술의 가치는 그것이 공헌하는 도덕적 가치에 따라 재단될 것이다. 니체가 지고의 가치로 제시하는 삶(아모르파티)은 그 하위의 모든 가치의 조건인데, 거기에 진리도 예외일 수 없다. 삶의 힘을 빼앗는 진리는 독인 반면, 삶의 힘을 유지하고 강화하는 거짓은 약이다. 거짓은 니체에게 삶을 가능케 하는 조건이다. 그는 『Will to Power』에서 이렇게 썼다. "실존의 끔직하고 미심쩍은 특성의 요체는 거짓이 삶에 필수적이어야 한다는 것이다."

"생명은 신성하다. 다시 말해 생명은 모든 다른 가치가 종속되는 지고의 가치다." 아인슈타인의 이 말에 거의 모두 동의하지만, 딱히 모두가 그리하는 것은 아니다. 영화감독 알란 파커[1944~2020]의 영화 〈데이비드 게일〉의 주인공 데이비드와 동료 여교수 콘스탄스는 사형제도 철폐를 위해 생명을 던진다. 그리고 루이 14세에게는 영광이 그렇듯[69] 알렉산더 대왕에게는 권력(의 확장)이, 이집트의 은자 안토니우스 사제에게는 신성(의 열망)이, 소크라테스에게는 지혜(의 추구)가 자신의 생명보다 더 중요한 지고의 가치다. 알렉산더 대왕보다 한 줌의 햇살을 더 귀하게 여긴 디오게네스는 자유를 지고의 가치로 삼았다. 플루타르코스가 전하는 바에 따르면 그를 무척 존경한 알렉산더 대왕은 이렇게 말했다. "만일 내가 알렉산더가 아니라면 나는 디오게네스일 것이다."

열정의 삶을 살기 위해서는 뜨거운 이념이 필요하다. 실존의 두려움과 불안을 끌어안고서도 내 안에 잠자고 있는 영웅(성)을 깨어내어 혼신을 다해 살게 하는 지고의 가치가 필요하다. 프랭클은 『Will to Meaning』에서 이렇게 썼다.

"인간은 이상과 가치에 의해 산다. 인간의 실존은 자기
초월의 방식으로 살아내지 않으면 진정한 것이 아니다."

삶의 궁극 의미는 바로 이상적인 삶의 가치다. 프랭클은 거기서 '어떤 강한 이상'에 매달리지 않는 실존은 비틀거린다고도 썼다. 가장 뜨거운 종교적 인간에게 지고의 가치가 천국(구원)이라면, 가장 조용한 영성의 인간에게는 참된 자아의 발

---

69 루이 14세가 몬족을 정복하러 떠나자 멩트농 부인이 최고 군사 책임자 루부아 후작에게 물었다. "후작님, 왕의 생명을 보장하나요?" 후작이 대답했다. "아닙니다, 부인. 그렇지만 그의 영광은 보장합니다."

견 혹은 무한의 합일이 지고의 가치다. 그로써 본디의 존재로 돌아가는 것인데, 형이상학과 거리를 두려 애썼던 프로이트는 그것을 이렇게 표현했다. "삶의 목표는 죽음이다." 그에게 죽음이란 "비유기적 상태", 곧 자연을 형성하는 물질을 뜻한다.

궁극 가치는 여럿이다. 서구 역사에서 진선미眞善美의 가치는 유구하다. 그리고 행복, 사랑, 놀이도 비非목적론적 가치다. 맛있는 음식을 나누며 친구와 수다 떠는 것도, 홀로 커피를 마시며 음악에 마음을 쏟는 것도, 가만히 하늘의 별들을 보는 것도, 시나 소설을 읽으며 향수, 사색, 몽상 등에 깊이 빠지는 것도 그렇다. 그리고 우리의 일상 행위가 도구적이지만, 아름다운 풍경 속의 여유로운 산책처럼 때때로 궁극 가치를 수반하기도 한다. 그러니 단 하나의 지고의 가치에 온 에너지를 수렴하는, 그로써 모든 행위를 도구성에 묶는 삶의 형식은 생명의 자발성과 세계의 우발성을 제거해 삶을 빈약하게 한다. 그뿐 아니라 모순과 애매성으로 가득 찬 세계와 불화함으로써 비극의 정신을 낳는다.

11.
비극의 정신

나와 세계는 근본적으로 부조화의 관계다. 공자가 말한 종심從心의 나이인 일흔 살이 되어도, '하고 싶은 대로 해도 법도에 어긋나지 않는' 상태에 이른 사람이 없다. 눈을 씻고 봐도 찾아볼 수 없다. 내가 생각하기에는 응당 이러해야 하는데(소당연), 세상이나 타인들은 이러하지 않다(소이연지고). 가치(대자적 존재)와 존재(즉자적 존재) 간의 본질적 차이 때문이다. 삶의 비극은 거기서 비롯한다.

인간은 가치로 관계 맺는 존재다. 산다는 것은 대상과 관계를 맺는 일이며, 대상과 관계를 맺는 것은 대상을 평가하는 일이다. 내 일거수일투족은 거기에 매어 있다. 그리하여 사태는 이렇다. 나를 둘러싼 것은 모두 나에게 좋거나 나쁘다. 그런 까닭에 나는 (속으로나 겉으로) 무언가를 좋아하거나 싫어하며, 어떤 것을 사랑하거나 미워한다. 그런 까닭에 좋아하는 것은 더 많이, 그리고 영원히 갖고 싶고, 싫어하는 것은 당장 깡그리 사라지기 원한다.

사태는 거기서 멈추지 않는다. 산다는 것은 수동성이 아니라 능동성인 까닭에 나를 둘러싼 대상(타자와 세상)에 대해 나는 어떤 태도를 취한다. 진지하거나 가볍거나. 전자는 내가 소중히 여기는 가치를 고수하고자 하는 의지가 강할 때, 후자는 그 의지가 약할 때 생긴다. 모종의 가치에 집착할수록 더 진지해진다. 그리고 태도는 결코 태도로 멈추는 법이 없다. 반드시 모종의 행동으로 이어진다. 좋아하는 대상은 거머쥐기 위해, 싫어하는 대상은 물리치기 위해 무언가를 꾸미고 어떤 일을 벌인다.

문제는 여기서 벌어진다. 나는 절대 반지를 소유하기커녕 그저 상처 받기 쉬운 한낱 미물이어서 세상을 내 마음대로 어찌할 수 없다. 그런데도 나는 기어코 내 마음대로 어찌하고 싶다. 특히 내가 붙잡고 있는 지고의 가치는 내 삶의 궁극 의미가 달린 까닭에 죽음마저 불사할 일이다. 이로써 충돌과 상처는 불가피하다.

마틴 맥도나[1970~] 영화감독의 〈이니셰린의 밴시〉는 그것을 극적으로 전경화한다. 주인공 콜름은 어느 날 절친 파우릭에게 절교를 선언한다. 죽음을 선구한 결단에 따른 극단의 후속 조치다. 길지 않은 여생을 곰곰이 생각한 그는 이제 아무짝

죽음이 온다 살아야겠다

에도 쓸데없는 수다 따위로 삶을 낭비하지 않고, 오직 작곡에 매진하리라 작심했기 때문이다. 작품을 남겨 그로써 오래오래 기억되고 싶기 때문이다. 비극은 선과 악의 충돌에서 발생하는 것이 아니다. 선과 선의 충돌, 곧 내 선과 네 선이 화해할 수 없어서 터진다. 파우릭은 주변 사람들, 특히 가족이나 친구에게 다정하게 대하는 것이야말로 삶의 핵심 가치라는 데 일말의 의심의 여지도 없다. 한마디로 두 사람은 전혀 다른 가치의 기사騎士다. "위대한 음악을 남긴 모차르트를 모르는 사람은 아무도 없다."(콜름) "난 모차르트 같은 사람은 모르고, 그 대신 다정했던 우리 부모님은 기억한다."(파우릭) 이로써 영화는 파국적 비극으로 향한다.

비극의 정신은 충돌을 피할 수 없다. 지고의 가치에 맞서는 힘들과 부딪히면 안티고네처럼 정공법을 취하지 물러서는 법을 모른다. 지고의 가치는 어떤 명분이나 실리로도 양보할 수 없는 절대적 진리이기 때문이다. 타협의 대상일 수 없기 때문이다. 내 실존이 통째로 그로써 정당성을 얻기 때문이다. 그로써 나는 세계와 생사를 건 전쟁에 돌입한다. 위대한 전사는 자신이 아니라 자신이 받드는 지고한 무엇을 지키는 자다. 그 무엇이 없는 나는 무無다. 나는 바로 그 무엇으로 살고, 그 무엇으로 죽는다. 톨스토이는 단편 「사람은 무엇으로 사는가」에서 그 무엇은 사랑이라고 역설한다.

노벨 문학상 수상 작가 헨리크 폰토피단1857~1943의 『Lykke-

Per』를 영화화한 빌 어거스트[1948~] 감독의 〈행복한 남자〉의 주인
공 페르가 그러한 비극의 정신의 화신이다. 인간의 자연 정복의
능력을 확신하는 페르는 갈망에 이끌려 성인 초입의 나이에 부
모의 간곡한 기도와 청을 단호히 등진 채 출가한다. 자신의 삶
의 목표가 일상 세계의 범속한 관심들 너머에 있다는 것을 의
식하는 그는 니체의 권력 의지를 자신의 영혼에 혼잣말로 새긴
다. "의욕 한다! 고로 이루어진다." 시골 고향을 벗어나 대도시
로 나간 그는 자신이 실현하고자 하는 프로젝트가 벽에 부딪힐
때 잠시 흔들리지만, 결국 타협이 아니라 자신의 존재를 굳이
고집함으로써 좌절을 자초한다. 두어 발 물러서기만 하면 얻을
수 있는 엄청난 성공뿐 아니라 자신이 편히 잘 살 수 있을 이러
저러한 사적 삶들도 마음이 편치 않아 못쓰게 된 오랜 의자 버
리듯 단박에 버리고 돌아선다. 현실 세계에서 아무 소득도 얻지
못하는 그의 긴 삶은 결국 '진정한 자기' 찾기 여정으로 드러나
는데, 그는 삶의 종말에 이르러서야 은둔의 고독에서 실존의 안
식을 얻는다. 그는 이렇게 고백한다. "나는 평생 소외와 떠돌이
를 느꼈다. 그러나 여기서 나는 종국적으로 내가 누구인지 의
식하게 되었다. 신이 없는 내 고독 속에서… 이제 나는 해방되
었음을 느낀다."

그런데 야망과 충동에 이끌린다는 점에서 페르의 도플갱
어로 볼 수 있는 페르의 첫 약혼녀 자코비는 페르와 전혀 다른
삶의 궤적을 그린다. 이야기의 진짜 주인공으로 해석되기도

죽음이 온다 살아야겠다

하는 그녀는 불운으로 점철된 그와 달리 행운의 결말을 맞는다. 페르를 통해 진정한 사랑과 이별과 아픔을 경험한 그녀는 자신이 물려받은 전 재산과 여생을 버려진 아이들이 성장할 수 있도록 하는 데 바침으로써 삶의 궁극 의미를 찾는다. 페르가 자기애自己愛 때문에 가한 큰 상처를 깨달음과 성장으로 승화한 덕분에 얻게 된 실존의 열매다. 그리하여 자코비는 오랜 세월이 지나 마침내 죽음의 문턱에 선 페르를 찾아가 이렇게 고백한다. "당신을 알았던 내 과거는 하나도 바꾸고 싶지 않아요." 아가페의 향기가 스며든 이 말은 고독사를 앞둔 페르의 영혼을 구속救贖하는 마지막 포도주 한 방울이다.

우리 당대의 탁월한 문학평론가 프레드릭 제임슨1934~에 따르면 실패와 소외로 점철된, 그리고 외딴 곳에서 홀로 죽음을 맞는 페르의 삶을 우리는 해피엔딩으로 읽어야 한다. 그는 현실 세계의 "성공이나 실패를 어떻게든 넘어설 수 있었"기 때문이다. 그는 전 생애에 걸쳐 자신의 내면의 목소리에 따라 세계에 맞섰을 뿐 아니라 그로써 마침내 자신의 영혼이 안식할 존재의 집을 찾았기 때문이리라.

게오르크 루카치1885~1971 또한 걸작 『소설의 이론』에서 그의 삶을 성공으로 읽는다. 진정한 성공은 성공의 외부적 징표인 노획물이 아니라 자기만족에 있다는 관점에서다. "정복한 현실의 한 조각을 거머쥐기를 거절하는", 그러니까 세계의 논리를 따르지 않고 오직 자기싸움이라는 내적 투쟁으로 일관한 그의 "모든 몸짓은 진정 어떤 승리, 환영들로부터 자유로운 영혼을 정복하기 위한 일보$^{-步}$"다.

비극의 종말은 희극보다 실존적 승리의 가능성을 더 크게 남긴다. 현대 비극 〈세일즈맨의 죽음〉의 작가 밀러는 『Tragedy and the Common Man』에서 이렇게 썼다. "진실로 말하자면 희극보다 비극이 작가에게 더 많은 낙관을 시사하며, 그 마지막 결과가 인간적인 동물에 대해 관객이 가질 수 있는 더없이 밝은 견해들을 강화해야 옳다." 어떤 점에서 그런가? 밀러에 따르면 자신의 인격에 관한 모든 권리를 주장하는 데 전력투구하는 비극의 정신은 "자신의 인간 됨을 성취하고자 하는 파괴될 수 없는 인간의 의지"를 웅변하기 때문이다. 〈세일즈맨의 죽음〉의 주인공 윌리는 자기파괴를 통해, 그리고 소포클레스$^{기원전\ 497~기}$$^{원전\ 406}$의 비극 〈오이디푸스 왕〉의 오이디푸스는 자기유배를 통해 인간 됨의 전쟁의 마지막 사선^{死線}을 지킨다. 비극의 정신은 동물적 인간으로 끈질기게 살아남기보다 인간적 인간으로 삶의 무대에서 퇴장함으로써 인간의 품위를 사수^{死守}한다.

비극을 지탱하는, 달리 말해 한 인간을 비극적 파멸로 몰아가는 것은 진지한 정신이다. "비극이란 극단화된 인간의 진지성이다."[70] 사르트르의 표현으로 대자와 즉자를 종합하고자

---

[70] Conrad Hyers, *The Spirituality of Comedy: Comic Heroism in a Tragic World*, Routledge, 2017, p.2.

죽음이 온다 살아야겠다

하는 "쓸데없는 열정"을 품은 자다. 진지한 인간은 그것이 무엇이든 자신이 지고의 가치로 삼는 것을 절대화함으로써 자신을 거기에 속박한다. 그로써 자신의 자유를 없애며 헌신적인 희생을 주저하지 않는다. 오늘날 종교적 근본주의가 그렇듯 광신의 형태로 자신을 고집한다. 자신의 의견이나 생각과 다른 사람들은 그저 큰 문제일 뿐이다. 러셀의 표현으로 "나는 확고하고, 너는 고집쟁이며, 그는 돌대가리다." 따라서 갈등과 분쟁은 필연이다.

작금의 세상이 우울과 외로움의 먹구름으로 뒤덮인 것은 그러한 관용의 결핍 때문이다. 그리고 그것의 뿌리는 '진리를 향한 의지will to truth'의 죽음 혹은 약화다. 일차적 진지함은 차고 넘치지만, 겸손한 진지함 혹은 진정한 진지함이 턱없이 부족하다. 그로써 이성도 기개thymos도 늙은 노쇠처럼 힘이 빠져 탈진실과 뭇 (거짓)진리라는 증상이 바야흐로 들불처럼 이 세상에 번진다.

12.
진리를 향한 의지

진리란 무엇인가? 혹은 무엇이 진리인가? "나는 길이요, 진리요, 생명이니…"(요 14:6) 예수는 자신이 진리라고 선포한다. 예수가 진리라고 믿는 사람은 진리를 알기 위해 예수를 향해야 한다. 예수는 현실 세계에 실재하지 않으니 그가 남겼다고 전해지는 말씀(성경)을 읽어야 한다. 붓다를 진리로 여기는 사람은 붓다를 만나야 한다. 붓다 또한 이 세상에 없으니 그를 만나는 길은 그의 경전이나 그를 만났다는 이들이 전해주는 언어들이다.

과학적 정신은 다르다. 과학에서 진리란 어떤 진술이 사물이 존재하고 거동하는 방식과 일치할 때, 그 진술에 부여하는 추상 명사다. 과학의 역사는 우리가 진리에 더 가까이 다가가는 사실을 보여주면서 그와 동시에 우리는 (절대적) 진리의 자리에 결코 도착할 수 없다는 것이 진리임을 보여준다. 과학적 진리는 수학을 언어로 삼아 가설을 세워 그것을 확증하고 반증하는 방식으로 형성된다. 그런 까닭에 가설을 구성할 수 없거나 수학으로 나타낼 수 없는 것은 진리의 영역에서 배제된다. 삶은 과학의 대상일 수 없다.

실존의 진리는 무엇인가? 삶의 진리, 곧 '참된 이치'란 특정한 삶의 문제를 해결해줌으로써 정신의 만족을 주는 특정한 삶의 방식이다. 무릇 종교, 철학, 영성 등은 특정성이 보편성으로 확장된 형식이다. 그로써 삶의 다종다양한 경험을 수미일관한 논리로 꿰뚫어 삶의 온갖 문제가 생겨나는 뿌리를 밝힌다(고 주장한다).

세상은 대답할 수 없는 문제들로 가득하다. 왜 천진한 아이들이 폭력의 희생물이 되는가? 왜 어이없는 질병과 가난과 무지로 부당한 고통을 받는가? 청렴한 자는 가난하고 외로우며 일찍 죽는데, 왜 악한 자는 득세하고 영광을 누리며 오래 사는가? 정의는 실현된 적이 없는데 왜 정의롭게 살아야 하는가? 이 땅 위의 구원은 (불)가능한가? 우리는 왜 사는가? 죽은 후 우리는 어떻게 되는가?

코엔 형제가 〈노인을 위한 나라는 없다〉로 이례적인 성공을 거둔 후 자신들의 자서전적 기색이 완연한 이야기를 담아 만든 〈시리어스 맨〉의 주인공 래리는 진리에 목마르다. 문제투성이인 자신의 삶이 무척 힘겹기 때문이다. 학교 말썽꾼

아들은 텔레비전이 잘 안 나오니 (지붕에 있는 안테나를) 어떻게 좀 해보라며 시도 때도 없이 전화하고, 자신도 모르는 레코드 멤버십 업체는 아들의 할부금을 지급하라며 닦달하고, 자신의 한국 유학생과 그의 아버지는 돈으로 성적을 고쳐달라며 억지를 부리고, 사는 행태가 못마땅한 옆집 아저씨는 집 경계선을 자꾸 넘나들고, 함께 살며 돌보는 동생은 불미스러운 일로 경찰에 체포되고, 아내는 자신의 친구와 결혼하겠다며 불쑥 이혼을 요구하고, 주택 융자금도 갚기 어려운데 아내가 예금을 다 빼돌려 이혼 변호사 비용도 마련하기 난처하고, 아내와 결혼하겠다는 그 친구가 졸지에 죽자 랍비는 그의 장례비를 떠맡으라고 하고, 대학교 종신직 심사는 누군가의 나쁜 투서로 결과가 불길하고, 자신의 몸은 분명히 크게 고장 난 상태다. 그의 삶은 그야말로 총체적 난국이다. 래리는 이 모든 상황이 억울하다. 자신은 종교의 계율에 따라 가정과 학교와 공동체에 신실하려고 애써왔기 때문이다.

래리는 신이 자신에게 그러한 고통을 주는 이유를 알고 싶어 세 랍비를 찾는다. 랍비를 통해 신의 뜻을 적어도 어림은 하고 싶다. 첫 번째 젊은 랍비 스콧은 일상에서 벗어나 신선한 관점에서 세상을 보라며 추상적으로 조언하는 데 그친다. 두 번째 랍비 나흐트너는 얼토당토않은 이야기를 늘어놓는다. 그리고 우리를 괴롭히는 문제들은 마치 치통 같아서 시간이 지나면 사라질 것이라고 위로한다. 그의 대답을 들은 래리는 이렇

죽음이 온다 살아야겠다

게 항의한다. "나는 그게 그냥 사라지는 걸 원치 않아요! 나는 대답을 원해요." 랍비는 이렇게 대답한다. "우리 모두 대답을 원하지요. 그런데 래리, 신은 우리에게 대답을 빚고 있지 않아요." 래리는 다시 항의한다. "우리에게 어떤 대답도 줄 게 아니라면 왜 신은 우리가 질문하도록 하나요?" 랍비는 답변한다. "신이 나에게 말한 적이 없어요." 세 번째 랍비는 래리가 보기에는 분명히 한가한데, 생각하느라 바쁘다며 비서가 면담을 거부한다. 래리는 고통의 미궁에서 헤어날 길이 없다.

래리의 진정한 실존의 문제와 그것의 해결책은 바로 자기 자신에게 있다. 신의 진리가 성경에 있다고, 붓다의 깨달음을 말과 글로써 전할 수 있다고 생각하듯 삶의 문제를 밝혀줄 진리가 어딘가에 있다고, 누군가는 안다고 믿는 것이 문제의 시작이다.

삶의 모양을 그려내고 삶의 한계를 비추는 빛이 있다면 그것은 삶 바깥에 있어야 한다. 삶의 세계를 생각하고 표현하는 주체는 거기에 속하지 않는다. 세계를 초월한다. 그런데 세계를 초월한다고 여기는 주체는 '항상, 그리고 이미' 세계 속에 있다. 논리적 형식으로 세계를 나타내는 바로 그 언어에 대해 언어로 말할 수 없듯(비트겐슈타인) 우리 삶의 세계에 대해 우리가 말하는 것은 마치 피로써 피를 씻는 행위와 다를 바 없다. 그리고 내 언어의 한계가 바로 내 지성의 한계인데, 언어는 본디 텅 빈 기호들의 연쇄인 까닭에 실존과 경험의 구체성을 제시할 수 없다. 사랑이 그렇고, 숭고한 대상이 그렇듯 그러한 경험은 언어로 살려낼 수 없다.

게다가 내가 아는 진리(신)는 내 한계 안에 머무는 진리(신)다. 내 시선, 내 생각, 내 언어로 포착한 진리(신)다. 내가 붙잡은 진리(신)는 내 한계와 결함에 구속된다.

신정통주의 신학자들이 지적했듯 성경은 "오류를 범할 수 있는 인간들이 특정한 인간적 상황에서 쓴 인간들의 책"이다. 그러니 진리(신의 말)와 언어화된 성경이 같을 수 없다. 언어를 통해 개념화된 객관적 진리는 진리가 아니라 진리의 형해 혹은 기껏해야 진리의 흔적이다. 따라서 폴 발레리[1871~1945]는 극작 〈나의 파우스트〉에서 이렇게 썼다.

"말할 수 없는 것이 아닌 것은 중요하지 않다."

우리의 실존과 세계는 생각할 수 있고 말할 수 있는 것들로 넘친다. 더 중요하게 내 실존은 네 실존과 다르다. 내 문제는 누구와도 다른 오직 내 삶의 현장에서 생긴다. 키에르케고르가 말했다. "나에게 진리가 되기 전에는 어떤 진리도 없다." 깨달음이란 '마음 꽃'이 피는 것이어서 아베 마사오[1915~2006]가 말했듯 "깨닫는 누군가가 없는 달마(진리)는 없다." 깨달음은 자기깨어남이다. 나에게 진리가 나타난다면 그것은 신이 내 가슴을 건드릴 때, 선사의 마음이 내 마음을 움직일 때다.

죽음이 온다 살아야겠다

그런데 '말할 수 없는 것'도 결국 말로써 의미를 띨 수밖에 없듯 마음은 말로써 건너간다. 손가락으로 달을 가리키듯 염화시중의 미소도 연꽃이 매개체다. 진리는 언어가 아니라 언어들이 말하지 않는 곳, 더 정확히 진리를 말하고자 애쓴 까닭에 남겨진 혹은 파편화된 언어가 가리키는 빈 곳에 마치 아지랑이처럼 존재한다. 그리하여 키에르케고르는 이렇게 썼다. 진리란 "가장 열정적인 내면을 이끌어내는 과정에서 견지하는 객관적 불확실성"이다. 신은 이름이 없다. 아도르노가 『부정변증법』에서 썼듯 "신을 믿는 자는 신을 믿을 수 없다." 신이 아니라 자신을 믿기 때문이다.

신을 진실로 믿는 자라면 무엇보다 그는 우선 자신을 의심해야 마땅하다. 자신이 믿는 것을 의심해야 마땅하다. 신을 믿는 자는 자신이 아니라 신의 말씀으로 산다. "너희가 내 말에 거하면 참 내 제자가 되고 진리를 알지니."(요 8:31~32) 그리고 그 의심을 방편으로 자신이 믿는 것 너머로 나아간다. 신은 자기 바깥에 있기 때문이다.

진리 또한 그렇다. 진리를 향한 의지, 곧 진리를 찾기 위해 결의한 자는 자신이 아니라 진리에 헌신하는 자다. 신에 대한 믿음이 의심에서 그치지 않듯 진리에 복무하는 자는 자기 의심을 유지한 채 자기 너머로 나아가야 한다. 니체가 "확신이 거짓보다 더 위험한 진리의 적"이라고 했듯, 그리고 아인슈타인이 "권위에 대한 맹신이 진리의 가장 큰 적"이라고 했듯 의심 없는 믿음은 진리의 적이다. '자기 앎', 곧 자신에 대한 지식은 참일 수도 있고, 거짓일 수도 있다. 자기기만은 '거짓 자기'를 '참 자기'로 믿는 것이다. 참이 아닌 것을 참이라 확신하는 것이다. 혹세무민의 세상이 그로써 열린다. 따라서 그가 붙들고 있어야 하는 것은 진리가 아니라 진리를 향한 진실된 태도, 곧 '진실됨'이다.

진리를 향해 진실되게 접근하는 자는 겸손할 수밖에 없다. 그리고 필연적으로 자기극복의 과제에 당면한다. 진리의 가장 큰 걸림돌은 자신이기 때문이다. 진실 추구가 아니라 논쟁에서 이기기 위해 진화된 우리의 추론reasoning은 상대를 설득하기 위해 확증 편향으로 내 생각과 믿음을 지어내어 주장하면서도 상대방 주장에 대해서는 객관적이고 강력히 따지는 비대칭성을 띤다. 자존감 때문인데, 그것은 진리와 믿음을 여는 문이자 가로막는 벽이기도 하다.

"우주의 더 깊은 영역에 이르는 유일한 문"은 자기기만이나 혼자 힘으로 삶이 좋아질 수 있다는 생각과 희망을 포기하는 것이다.[71] 사랑이 우리를 기다린다.

---

71 William James, *A Plural Universe*, p.305.

죽음이 온다 살아야겠다

13.
사랑

"사랑은 모든 것을 이긴다 Love conquers all." 로마의 시성으로 추앙 받던 베르길리우스기원전 70~기원전 19가 전원시 마지막 편(10권)에 쓴 시 한 줄을 구성하는 첫 문장이다. 그 뒤의 문장은 이렇다. "(그러니) 우리 또한 사랑에 항복하자구나!"

미켈란젤로 다 카라바조1571~1610를 비롯해 여러 화가가 제목으로 삼은 기원전紀元前의 그 문장은 시적 표현이지 격언이 아니다. 그런데도 많은 사람이 그것을 여전히 즐겨 인용하는 것은 사랑의 지대한 힘을 그토록 간결하고 웅변적으로 표현한 말이 없기 때문이리라. 바울도 사랑의 힘을 이렇게 찬미한다. 사랑은 모든 것을 견딘다.(고전 13:7) 정신적인 것이든 육체적인 것이든 사랑만 있다면 우리는 어떠한 고통에도 무너지지 않고 믿음과 소망 안에 살아갈 수 있다는 것이다. 몇 번 거론

한 프랭클의 삶이 구체적 증거인데, 그는 아우슈비츠 생존 경험을 반추하며 이렇게 썼다.

"나는 그렇게 많은 시인이 노래로 말하고, 그렇게 많은 사상가가 궁극적 지혜로 선포한 진리, 곧 사랑은 인간이 열망할 수 있는 궁극의 최고 목적이라는 진리를 생애 처음 보았다. 그리고 나는 인간의 시, 그리고 사상과 믿음이 마땅히 전하는 가장 위대한 비밀의 의미를 포착했다. 인간의 구원은 사랑을 통해, 그리고 사랑 안에서 이루어진다. 나는 이 세상에 아무것도 남아 있지 않은 사람이 어떻게 자신이 사랑하는 사람을 그저 잠시 생각하는 것으로 여전히 희열을 알게 되는지 이해했다. 자신을 긍정적 행동으로 표현할 수 없는, 이룰 수 있는 것이라고는 올바른, 곧 명예로운 방식으로 고통을 견디는 것뿐인 극히 황량한 상황에서 인간은, 자신이 지니고 다니는 사랑하는 사람의 이미지를 사랑스럽게 골똘히 생각함으로써 성취감을 얻을 수 있다."[72]

혹독하기 짝이 없는 삶의 환경에 빈털터리로 내몰려도 사랑이 과연 우리를 살게 한다면, 그뿐 아니라 프랭클의 말처럼

---

72 Viktor Frankl, *Man's Search for Meaning: An Introduction to Logotherapy*, Beacon Press, 1992, p.49.

죽음이 온다 살아야겠다

사랑이 진정 우리의 구원이라면 사랑이야말로 우리가 무엇보다 우선 구해야 할 삶의 근간이지 않은가?

그런데 누가 그것에 성공하는가? 피 한 방울 섞이지 않은 타인을 전 생애에 걸쳐 (진실로) 사랑하며 사는 사람이 얼마나 있는가? 잠깐 혹은 수년 간 그럴 수 있을지는 몰라도 우리 대부분은 사랑에 실패하지 않는가? 이 사람 저 사람 옮겨 다니며 사랑을 구하고 또 구해도 결국 실패하지 않는가? 그리하여 마침내 씁쓸히 사랑에 등 돌린 채 살아가지 않는가? 슬프게도 혹은 다행스럽게도 우리 모두 사랑 없이도 큰 문제없이 거뜬히 살아가지 않는가?

게다가 설령 누군가를 평생 사랑하며 사는 데 성공한다손 치더라도 그것을 딱히 사랑의 삶이라 말하기 어렵다. 프롬에 따르면 사랑의 대상은 특정한 개인이 아니기 때문이다. 단 한 명의 타인만 사랑하는, 여타 모든 이에게 무관심한 사랑은 "공생적 애착 혹은 확대된 에고티즘"이지 사랑이 아니기 때문이다. 그는 『사랑의 기술』에서 이렇게 썼다.

"내가 한 사람을 진실로 사랑한다면 나는 모든 사람을, 세계를, 삶을 사랑한다. '너를 사랑한다.'고 말할 수 있다면 너 안에서 모두를 사랑한다고, 너를 통해 세상을 사랑한다고, 너 안에서 나 또한 사랑한다고 말할 수 있어야 한다."

특정인을 넘어 온 사람, 세계, 그리고 삶을 품지 않는 사랑은 사랑이 아니라는 것이다. 사태가 이렇다면 예수나 석가

모니가 아니고서는 누구도 감히 사랑의 주체라 말하기 어렵다. 사랑의 세계에서 우리의 처지는 궁색하고 황량하다.

사랑에 대한 프롬의 견해에서 우리가 주목해야 하는 것은 사랑의 보편성과 초월성, 곧 특정한 대상이 아니라 모든 이웃, 그리해서 세계와 삶 전체로 확장하는 사랑의 일반성이다. 기독교와 불교를 포함해 모든 종교가, 아리스토텔레스부터 머독까지 거의 모든 철학자가, 그리고 스콧 펙과 같은 심리학자들이 제시하는 우정philia을 원형으로 삼는 사랑의 형식이다. 성경에 이렇게 쓰여 있다. "사람이 친구를 위하여 자기 목숨을 버리면 이보다 더 큰 사랑이 없나니 너희는 내가 명하는 대로 행하면 내 친구라."(요 15:13~15).

높은 지혜의 역사가 알려주는 사랑의 일반성을 통해 우리가 알게 되는 것은 범속한 세계에서 통용되는 연정eros은 사랑과 무관하다는 것이다.[73] 사랑의 생물학적 뿌리는 성sexuality이 아니다. 의식적으로든 무의식적으로든 성적 욕망이나 혈족 관계에서 생기는 감정이나 특별한 유대나 헌신은 사랑이 아니라는 것이다. "사랑에 빠졌"을 때나 성적 관계에서 느끼는 에고의 경계가 붕괴된 잠정적 상태는 사랑이 아니라는 것이다.

그렇다면 사랑이란 무엇인가? "진실로 만족스러운 사랑

---

73 사랑의 생물학적 뿌리는 성sexuality이 아니라 부모의 보살핌이다. Irenäus Eibl-Eibesfeldt, *Love and Hate: The Natural History of Behavior Patterns*, trans. by G. Strachan, Routledge, 2017, p.128.

의 정의"에 도달한 사람은 여태 아무도 없다는 정신과 의사 스콧 펙은 사랑을 이렇게 규정한다. 사랑이란 "자신이나 다른 사람의 영적 성장을 양육할 목적으로 자신의 자아를 확장하고자 하는 의지"다.[74] 사랑은 우선 의도와 그에 따른 행동, 곧 자유로운 선택의 행사이지 자신의 의지와 무관하게 빠져든 감정이나 대상에 속박된 마음 상태(너 없이는 살 수 없어!)가 아니라는 것이다.

따라서 사랑은 필히 노력과 자기훈육에 기초하는데, 성경은 구체적으로 다음의 덕목을 제시한다. 오랜 참을성, 온유, 질시하지 않는 것, 자랑하지 않는 것, 교만하지 않는 것, 무례한 행동을 삼가는 것, 자신의 이익을 도모하지 않는 것, 성내지 않는 것, 악한 것을 생각하지 않는 것, 불의를 기뻐하지 않는 것, 진리를 기뻐하는 것, 모든 것을 참고 믿고 바라고 견디는 것.(고전 13:4~8) 이 덕목들을 갖추어야 사랑할 수 있다니 사랑은 얼마나 어려운가.

그리고 사랑은 근본적으로 영적 성장을 위한 행동인 까닭에 단순히 주는 것이 아니라 '사려 깊게' 주고, '사려 깊게' 거두어들이는 것이다. 또한 '사려 깊게' 칭찬하고, '사려 깊게' 비판하는 것이다.[75] "친구를 원한다면 그를 위해 전쟁도 하기 원해

---

74 Morgan Scott Peck, *The Road Less Traveled: A New Psychology of Love, Traditional Values and Spiritual Growth*, Simon & Schuster, 1985, p.81.

75 앞의 책, 111쪽.

야 한다."는 니체의 말, 그리고 "진정한 친구는 당신을 정면에서 찌른다."는 와일드의 말은 그것의 직설적 표현이다. 성장을 위해서는 위로뿐 아니라 종종 고통스러운 결정과 그것을 실행할 용기도 필요하다. 그런데 너를 위해서든 나를 위해서든 혹은 너와 나 모두를 위해서든 성장을 위한 전쟁을 과연 감당할 수 있을까? 사랑의 칼을 찌를 수 있는가? 찌를 칼은 가지고 있는가? 그리고 그로써 진정 성장으로 이끌 리더십의 지혜가 우리에게 있는가? 사랑은 또한 낯선 이에게 다가가 손을 내밀고 마음을 여는 두려움을 기꺼이 감당하는 것이다. 예수가 이웃의 표상으로 제시한 '선한 사마리아인'의 용기를, 그리고 따뜻한 가슴을 우리도 과연 자기훈육으로 가질 수 있을까?

사랑은 나 자신의 성장도 그렇지만, 세상의 모든 개인이 성장하도록 이끌어나가는 삶의 실천인 한, 오직 역동적인 '과정'일 수밖에 없다. 종결이 불가능하다. 그리고 인간은 천성이 어리석고 불완전하고 비겁하기에, 사랑이라는 이름으로 행하는 보살핌을 주고받기에, 칭찬과 비판에 실패할 공산이 크다. '너에게 이것은 당장은 나빠도 나중에는 좋으리라'는 확신도 그저 내 생각일 뿐이며, 설령 그렇더라도 그것을 위해 고통스러운 결정을 내리고 실행할 용기가 부족하다.

용기, 무폭력, 겸손, 인내 등의 자기훈육도 결코 만만하지 않지만, 서구가 오랫동안 사랑의 전형으로 삼은 아리스토텔레스의 우정philia[76]도 그리 잘 작동하지 않는다. 너와 나의 관계가

죽음이 온다 살아야겠다

결코 쉽지 않기 때문이다. 확증 편향이 말하듯 우리 모두 자기 중심적이어서도 그렇지만, 나 자신도 잘 모르는 내가 너(의 호불호)를 안다는 일은 가히 당찮은 일이다. 자칫 호의나 선의가 무례로 전락한다. 아래의 문단은 졸저 『숨 멎은 공간』에서 쓴 필자의 글을 다듬은 것이다.

나와 너 사이에 관해 두 다른 생각이 있다. "너희는 남에게 대접을 받고자 하는 대로 남을 대접하여라."(누 6:31) "내가 원하지 않는 것을 남에게 행하지 마라."(공자)

나는 후자가 보편적으로 타당할 뿐 아니라 전자는 무례와 불쾌, 심지어 위험의 소지가 있다고 생각한다. '이렇게 살아야 행복하다'는 확신에 따른 부모의 사랑의 언행은 자식을 얼마나 힘들게 하는가. 내 입에 맛있는 것들로 대접하는 식사는 얼마나 아슬아슬한가. "지옥으로 가는 길은 선의로 포장되어 있다."고 하듯 '모든 사람을 행복하게' 만들고자 하는 것이 얼마나 억압적 관념인지 역사가 잘 보여주지 않는가. 히틀러의 순혈주의가 그렇듯 유토피아를 위한 사회 개조 프로그램만큼 배타적이고 위험한 프로젝트가 있던가? 따라서 타인의 고통을

---

76 아리스토텔레스는 『니코마코스 윤리학』에서 우정의 성립 조건을 이렇게 기술했다. 첫째, 각각의 개인은 다른 개인에게서 모종의 탁월성을 인식한다. 둘째, 각각의 개인은 다른 개인을 위해 그렇게 인식한 탁월성과 관련해 좋고 잘되기를 소망한다. 셋째, 앞의 둘을 피차 안다. 넷째, 양자의 관계는 충분한 기간에 걸쳐 발전된 것이다. 다섯째, 양자 모두 사랑할 만하고 신뢰성이 있다고 드러난 것이다.

없애고자 애쓰는 일은 정언 명령이라 할 수 있겠지만, 타인의 행복을 책임지려는 것은 자신의 행복을 강제할 위험성이 다분하다. 칼 레이먼드 포퍼[1902~1994]에 따라 말하자면 우리는 '무엇이 선(행복, 진리, 정의 등)인지'가 아니라 '무엇이 선이 아닌지'를 더 잘 아므로 선(이라고 생각하는 것)을 보태기보다 악(하다고 생각하는 것)을 제거하는 편이 선일 뿐 아니라 공동선에 접근할 가능성이 도리어 높다.

그러니 묻자. 사랑은 자아를 확장하고자 하는 의지의 실행인가?

14.
연민

사랑은 자아를 확장하는 의도적 행위인가? 스콧 펙처럼 미국 철학자 로버트 솔로몬[1942~2007]도 그렇다고 주장했다. "사랑은 타자를 포함하는 (그리고 심지어 총애하는) 자아의 확장이다. (…) 그것은 타자와 그의 야망들, 욕구들, 욕망들, 그리고 자기 염려들을 편입하고 포함하는 자아의 확장이다."[77] 그렇다면 스콧 펙, 프롬, 그리고 솔로몬의 관점에 따라 우리는 이렇게 말할 수 있겠다. 사랑은 인류와 세계를 내 자아에 포함하는 행동이다. 탁월한 세계적 불교 지도자 틱낫한[1926~2022]이 그리한 사람이라고 할 수 있는데, 그는 시 「Please Call Me by My True

---

77   Robert C. Solomon, *About Love: Reinventing Romance for Our Times*, Madison Books, 2001, pp.255~258.

Names」에서 이렇게 썼다.

"고통으로부터 나는 이 시를 썼다. 나는 수많은 이름을 가지고 있으며, 나를 어떤 이름으로 부를 때도 '네'라고 대답해야 하는 까닭에 이 시를 '내 참된 이름들로 나를 불러주세요'라고 부른다. (…) 나는 강 표면에서 변신 중인 하루살이다. 그리고 나는 그것을 덮쳐 삼키는 새다. 나는 맑은 호수에서 행복하게 헤엄치는 개구리다. 그리고 나는 말없이 그것을 잡아먹는 풀뱀이다. 나는 다리가 대나무처럼 가는 앙상한 우간다 아이다. 그리고 나는 우간다에 치명적 무기를 파는 무기상이다. 나는 작은 배를 타고 가다가 해적에게 강간을 당한 후 바다에 내던져진 열두 살 소녀다. 그리고 나는 내 가슴이 아직 볼 수 없고 사랑할 수 없는, 그 해적이다. 나는 충분한 권력을 손에 쥔 공산당 중앙위원회 위원이다. 그리고 나는 강제노동수용소에서 서서히 죽어가는 내 민족에게 '피의 빚'을 갚아야 하는 사람이다."

틱낫한은 열두 살 소녀를 강간하고 바다에 버린 강도와 자신을 동일시한 이유를 시에서 이렇게 밝혔다. 자신도 해적이 태어난 마을에서 태어나 그와 비슷한 경제적, 교육적 등의 삶을 살았더라면 지금 해적이 되었을 수도 있다.

그의 논리에 따르자면 우리는 어떤 악행에도 맞설 수 없다. 모든 악행은 그것을 저지른 자가 아니라 그 사람이 태어나고 자라고 교육 받고 영향 받은 환경의 탓으로 돌려야 하기 때문이다. 틱낫한의 '고매한' 정신을 따라 우리 모두가 피해자이자 가해자라면 공의나 정의가 들어설 지반이 사라진다. 책임윤리, 더 나아가 심지어 선과 악의 구분도 무의미하다. 모든 이웃을 끌어안는 자아의 확장을 사랑으로 보게 되면 인간 세계를 지탱하는 가치 체계가 무너진다.

따라서 머독은 사랑의 "탈^脫자아^{unselfing}"를 주장한다. 우리는 탈자아를 통해 선을 알게 되고, 도덕적으로 더 나은 존재가 된다고 생각하기 때문이다. 그런데 탈자아는 우리의 의지로는 성취하기 어렵다. 의지는 종종 맹목적인 자아중심의 목표와 이미지, 곧 환상을 낳기 때문이다. 우리의 영혼이 그러한 환상에서 해방되는 것은 사랑에 의해서다.

사랑은 자아로부터 벗어나게 한다. 내가 누군가를 사랑하는 것은 그 누군가를 위해서지 내 행복을 위해서가 아니다. 사랑은 "자신이 아닌 다른 무엇이 실재라는, 극히 어려운 깨달음"[78]이다. 탈에고를 통한 개별 대상의 참된 존재에 대한 눈뜸이다. 사랑은 우리를 자아로부터 벗어나게 함으로써 비로소 실재, 곧 참된 존재를 볼 수 있게 한다. 그것을 머독은 "주목^{attention}", 곧 "개별 실재에 대한 올바르고 다정한 응시"라 부

78 앞의 책.

른다.[79] 머독이 소개하는 다음의 경우가 그렇다.

나는 불안과 분개의 마음으로 창밖을 본다. 주변을 망각한 채 그저 내 명예가 입은 손상만 곱씹는데, 돌연히 새 한 마리가 맴돈다. 그리고 그 순간 모든 것이 변한다. 허영심 다친 자아를 곱씹는 일이 온데간데없다.

우리의 이해 타산과 동떨어져 그렇게 홀로 그러함 suchness 으로 머무는 새와 돌과 나무 등의 개별 존재는 자아를 벗어난 순정한 즐거움을 준다. 그러함으로 존재하는 개별자는 모두 온전하고 아름답기 때문이다. 따라서 머독은 이렇게 썼다. "사랑이란 불완전한 영혼과 그 너머에 있다고 생각되는, 우리를 끌어당기는 완전성 사이의 긴장이다."[80] 그리고 선이란 그렇게 환영의 장소인 자아에서 벗어나 진짜 세상을 보고 거기에 반응하는, 곧 이기적인 의식의 장막을 뚫고 진여 眞如의 세계에 참여하는 시도다. 자아를 넘어서는 자기훈육이다. 그런 까닭에 머독이 보기에 사랑은 예술과 도덕의 본질이다.

그런데 탈에고는 창밖의 새와 같은 특별한 미학적 순간이 아니고서는 (거의) 발생하지 않는다. 대양감의 경험은 매우 드물며, 쾌락에 빠지는 것은 선과 무관하다. 게다가 탈에

---

79 Iris Murdoch, *The sublime and the good.* in Existentialists and Mystics: Writings on Philosophy and Literature. Chatto & Windus, 1997.

80 I. Murdoch, *The Sovereignty of Good*, Routledge and Kegan Paul, 2014, p.100.

고는 의지의 문제가 아니다. 그런 까닭에 개별 존재를 있는 그대로 보는, 달리 말해 개별자를 천상천하 유아독존의 존재로 대하는 것은 (거의) 불가능하다. 그렇게 보기 위해서는 데리다가 말했듯 내가 죽은 듯 존재해야 한다. "그것(그 대상)과 내가 죽은 것처럼 관계"[81]해야 가능하다. 머독도 이렇게 썼다. "겸손한 사람은 자신을 아무것도 아닌 것으로 보는 까닭에 다른 것들을 있는 그대로 볼 수 있다."[82]

온 이웃과 세계를 보살필 만큼 자아를 확장하는 것도 어렵지만, 자아를 벗어나는 것도 그에 못지않게 어렵다. 나 자신을 아무것도 아닌 것으로 보는 겸손한 자의 눈은 의지와 훈육으로 갖기 어렵다. 그러니 실재를 보게 하는 사랑은 참으로 지난하다.

반면 연민compassion에 기초한 사랑은 훨씬 쉽다. 인간이 아니라 동물의 고통도 나는 곧장 내 것처럼 직관으로 느끼기 때문이다. 승리한 자보다 패배자, 강건한 자보다 병약한 자와 공감하거나 동일시하는 편이 쉽다. 그것이 인간의 보편적 실존 형식이기 때문이다. 우리 모두 죽을 존재이며, 너도 나처럼 혹은 나도 너처럼 몸과 마음이 쉽게 상처 받는 약한 존재다. 기쁨은 멀고 드물고 잠깐이며, 슬픔과 고통은 가깝고 빈

---

81 Jacques Derrida, *As if I were Dead: An Interview with Jacques Derrida.* In Applying: To Derrida. Eds. John Brannigan, Ruth Robbins and Julian Wolfreys. Macmillan, 1996, p.216.

82 I. Murdoch, 앞의 책, 101쪽.

번하고 오래다. 선행은 아주 드물고, 악행은 시도 때도 없이 출몰한다. 그러니 상련으로써 에고를 느슨하게 할 수 없다면, 에고에 대한 집착을 잠시라도 떼어낼 수 없다면 우리는 진정 고립무원孤立無援이리라.

서구는 고대로부터 지금까지 우정philia, 곧 '호혜적' 보살핌을 사랑의 전범으로 삼았다.[83] 그 형식에 따르면 윌리엄 셰익스피어1564~1616의 비극 〈리어 왕〉의 막내딸 코델리아의 일방적 사랑은 비극적이다. 왕이 자신을 사랑한다고 오판한 까닭에 못내 긍휼하다. 그런데 효혜성은 엄밀히 말해 거래의 조건이어서 사랑의 바탕일 수 없다.

키에르케고르에 따르면 사랑의 주체는 인간이 거짓말하는 존재라는 사실을 마땅히 다루어야 한다. 결혼 서약이 그렇듯 우리는 지킬 수 없는 사랑의 맹세를 한다. 그리고 〈햄릿〉의 오펠리아처럼 사랑을 받는데도 받지 않는다고, 코델리아처럼 사랑을 받지 않는데도 받는다고 자기기만할 수 있다. 방도는 두 가지다. 데카르트의 의심처럼 기만이 생길 여지가 있으면 믿지(사랑하지) 않거나 키에르케고르의 신뢰처럼 사랑하기 위해 믿는 것이다.

전자(필리아)가 호혜성의 조건에 따른다면, 후자(아가페)

83　솔로몬은 "사랑은 우정에서 쌓는 것이 최상"이라고 썼다. Robert C. Solomon, p.7. 그리고 사르트르는 역작 『존재와 무』에서 이렇게 썼다. "사랑은 사랑 받고자 하는 요구다."

는 사랑의 법을 따른다. 사랑은 생명의 근간이기 때문이다. 사랑이 없는 삶은 살아 있으되 죽은 삶이기 때문이다. "우리는 형제를 사랑함으로 사망에서 옮겨 생명으로 들어간 줄을 알거니와 사랑하지 아니하는 자는 사망에 머물러 있느니라."(요한 1서 3:14) 사랑의 법에 충실한 코델리아는 생명의 세계의 거주자다. 비극적이지도 긍휼하지도 않다.

노벨 문학상을 수상한 멕시코 시인 옥타비오 파스[1914~1998]는 이렇게 썼다. "이제 사랑은 추상으로 변하는 중이다. (…) 영혼은 섹스의, 섹스는 정치의 한 부서가 되었다. 우리 사회가 회복되려면 사랑의 아이디어를 회복해야 한다. (…) 시인, 예술가, 음악가, 상상하는 자는 사랑의 새로운 상을 찾아야 하며, 그것이 가장 중요한 문제다. 그것을 찾지 않으면 삶은 사막이 될 것이다."

파스의 말이 함축하듯 '사회의 창안'인 사랑은 늘 변한다. 성적 매력과 그것과 얽힌 감정들을 사랑으로 포장한 현대는 노래든 드라마든 SNS든 사랑이 차고 넘친다. 하트는 초콜릿이며, 사탕이며, 메시지의 마침표다. 비가 귀한 인디언 사회가 미세한 차이를 구별해 오십 가지가 넘는 이름을 붙였듯 사랑이 범람하는 우리 사회는 진짜 사랑에 무지한 지 오래다. 우리의 삶이 사막처럼 삭막한 것은 그래서다. 사랑이 구원이라면 그 형식은 '연민에 기초한 무조건적 사랑'이리라. 우리는 사랑을 다시 창안해야 하리라.

15.
그물에 걸리지 않는 바람

「사람은 무엇으로 사는가」에서 톨스토이가 밝혔듯 사랑은 삶의 에너지다. 생명력이다. 사랑 없는 땅은 생명의 불모지다. 사랑할 사람이 아무도 없다는 것도 그렇지만, 누구에게서도 사랑 받지 못한다는 인식과 감정은 그보다 더 지독하다. 세상에 그것보다 더 비참한 것은, 그것보다 더 영혼을 파먹는 것은 없다. 그로써 자존, 곧 마지막 삶의 의미와 가치가 무너진다. 겉은 살아 있으되 속은 이미 죽은 존재다. 자기살해는 그것의 최후 진술이다.

　사랑의 핵은 자아다. 더 높고 큰 자아를 위해 다른 존재와 연결을 도모하는 영혼의 움직임이다. 그런데 사랑은 자아의 활동인 까닭에 탈脫자아가 향하는 것은 단순한 무아無我가 아니라 잠시 무無로 머무는 다른 자아다. 자아의 집착에서 해방될 때 잠시 찾아드는, 더 큰 영혼(우주적 자아)에 편입되는 또 다른 자아다. 한 번 생겨난 개별 존재의 개별성은 결코 소멸되지 않기 때문이다. 자아의 확장 또한 그렇다. 내 자아는 다른 자아들을 내 것으로 만드는 제국의 왕이 아니라 병합을 도모하는 잠깐의 신민이다. 종국적으로는 헤겔의 절대 정신 혹은 슈뢰딩거가 언급한 의식과 외부 세계가 통합된 '단 하나의 정신'에 편입되리라. 우리는 에고로 일상을 (긍정성과 기쁨을 얼마간 머금고) 산다. 정신의 성장은 삶의 큰 과제다.

삶을 사랑하는 사람은 죽어가면서 사는 것이 아니라 살다가 죽는다. 촛불이 그렇듯 사랑하다가 죽는다. 죽음이란 삶은 사랑이라는 사실을 환기하는 경보다. 삶의 마지막 순간까지 사랑하게 하는, 마지막이 임박할수록 더 사랑하게 하는 묘약이다. 에로스(사랑의 신)도 그렇다. 그것은 다른 존재와 결합해 더 큰 존재로 이행하는 정열이다. 동화 작용의 에너지다. 반면 타나토스(죽음의 신)는 이화 작용의 에너지로서 유기적 존재를 해체해 가장 빠른 경로로 불활성의 무기물로 되돌린다. 에로스가 타나토스보다 강하면 삶이 이어지고, 타나토스가 에로스를 지배하면 죽음이 초래된다.

그런데 에로스와 타나토스의 차이점은 타나토스가 직선밖에 모른다면, 에로스는 타나토스를 끌어들여 만곡을 밟는다는 것이다. 에로스는 다른 대상의 점유(함/당함, cathexis)를 통해 그리하는데, 그로써 에너지가 활성화된다. 에너지가 한계에 이르면 타나토스가 출현한다. 무無를 향해 움직이는 타나토스는 에너지를 방출한다. 타나토스와 합일한 에로스는 그렇게 쾌락을 얻고서 그 과정을 반복한다.

삶이란 작은 죽음들로써 마지막 죽음(종착점)을 우회하는 과정이다. 혹은 죽음으로써 영원히 사는 것(사즉생)이다. 기독교와 불교의 차이점이 그것이다. 인류를 사랑한 예수가 죽은 후 사흘 만에 다시 살아났듯 우리는 죽고서 다시 태어나지 않고서는 천국에 들어갈 수 없다. "진실로 진실로 네게 이르노니 사람이 거듭나지 아니하면 하나님의 나라를 볼 수 없느니라."(요 3:3)

그런데 에로스의 활동을 반복하게 하는 것은 무엇인가? 그것은 원초적인 '사랑 받음'의 경험이다. 몸에 깊이 남겨진 그것의 전前의식적 경험의 흔적이다. 이레네우스 아이블 아이베스펠트1928~2018에 따르면 우리가 절대적으로 무력한 아이일 때 받은 '부모의 보살핌'이 사랑의 (생물학적) 뿌리다. 좀 더 소급하면 자궁 속의 경험일 것이다. 그러니 에로스란 '사랑 받음'의 원초적 상태로 되돌아가고자 하는 욕동이라 할 수 있겠다.

그런데 의식을 지니게 된 우리가 가장 먼저 알게 되는 사실은 무조건적 '사랑 받음'은 불가능하다는 것, 그리고 정확히 그런 까닭에 사랑 받기 위해 애써야 한다는 것이다. 사랑 받는 확실한 길은 사랑하는 것이다. 그로써 우리는 수동에서 긍정의 존재로 이행한다. 사랑의 대상이 아니라 주체로 나선다. 사

죽음이 온다 살아야겠다

랑의 주체화는 인간이 성숙하는 과정이다.

프로이트에 따르면 사랑의 일차적 대상은 자기 자신이다. 자기애가 사랑의 원형이다. "다른 사람에게 햇빛을 비추고자 한다면 무엇보다도 우선 자신 안에 그것을 가져야 한다."는 로맹 롤랑[1866~1944]의 말처럼 자신을 사랑하고서야 남을 사랑할 수 있다는 것이다. 그러니 사랑의 주체가 되기 위해 나는 나와 내 삶을 먼저 사랑해야 한다. 간단히 내 몸과 마음을 잘 보살피고, 내가 사랑하는 노동과 작업을 하며 내 영혼의 성장을 도모하는 일이다.[84]

존 로널드 루엘 톨킨[1892~1973]의 『Leaf by Niggle』의 주인공인 화가 니글은 수시로 발생하는 이웃의 사소한 일상사를 돕느라 자신이 꼭 그리고 싶은 나무를 완성하지 못하고 죽지만, 사후에 자신이 마음에 두었던 그 나무가 눈앞에 살아 있는 모습을 보며 감격한다. 사소한 일로 삶을 낭비한 채 아무것도 이루지 못했다는 책망의 목소리와 남을 돕느라 자신을 희생했다며 위로하는 목소리를 저승에서 들은 이후에 벌어지는 일이

---

84 "세상에서 가질 만한 가치 있는 모든 것을 주는, 인간의 상상으로는 그 이상 단 하나 더 보태거나 낫게 할 수 없는 습관이 세 개 있다. 일 습관, 건강 습관, 공부 습관이다. 만약 네가 남자이면서 그 습관들을, 그리고 또한 그와 동일한 습관을 가진 한 여자의 사랑을 가지고 있다면 너는 지금 여기 천국에 있는 것이며, 여자도 그렇다. 사랑과 함께 건강, 책, 그리고 일은 터무니없는 운이 쏘는 모든 침과 화살의 위안, 곧 강타하는 모든 폭풍에 맞서는 방어다. 그로써 슬픔을 즐거움으로, 고난을 밸러스트로, 고통을 기쁨으로 바꾸기 때문이다."(밑줄은 필자의 것) Elbert Hubbard, *Health & Wealth*, Roycrofters, 1908, p.19.

다. 당나라 선사禪師 임제의현미상~867은 이렇게 말했다. "옷 입을 시간에는 옷을 입어라. 걸어야 할 때는 걸어라. 앉아야 할 때는 앉아라."

자기애는 사랑이라 할 수 없다. 에로스의 움직임이 그렇듯 사랑은 근본적으로 다른 존재와 맺는 관계의 형식이기 때문이다. "세상에는 오직 하나의 진리만 있을 뿐이다. 그것은 서로 사랑하는 것이다." 롤랑의 말에 따르면 사랑하는 것은 진리를 실행하는 일이다. 사도 요한은 에베소교인들에게 서로 사랑하기를 수십 번 당부하는데, 그의 권면도 사랑 받기 위해서가 아니라 하나님은 바로 사랑이기 때문이다. 사랑하는 일은 하나님의 사랑을 입은 우리가 갚아야 할 빚이다.

"서로 사랑하라. 내가 너희를 사랑한 것같이 너희도 서로 사랑하라."(요 13:34) 이웃 사랑은 무조건 따라야 하는 삶의 법이다. 법을 따르는 자는 그 안에서 무한히 자유롭다. "내가 주의 법도를 구하였사오니 자유롭게 행보할 것이오며."(시편 119:45) 무조건 사랑하는 자는 무엇도 문제되지 않는다. 사랑하는 대상이 어떠하든, 어찌하든 그저 사랑할 따름이다.

그런데 사랑은 어렵다. 온 이웃이 아니라 단 한 사람도, 심지어 나 자신마저도 제대로 사랑하기 어렵다. 자아 확장 혹은 탈자아, 그리고 영혼의 성장은 나약하고 결점 많고 자존감을 최후 보루로 삼는 우리로서는 관념이 아니라 현실 세계 안에서는 어려움을 넘어 거의 불가능한 일이다. "세계를 있는 그대로 보는 것, 그리고 그것을 사랑하는 것"은 롤랑의 말처럼 영웅적 행위다.

나에게 사랑은 절망적이라는 것을 나는 분명히 안다. 그런데 사랑이야말로 가장 삶다운 삶을 사는 것이라는 것도 나는 아는 까닭에 뒤돌아설 수 없다. 무조건 사랑하며 살아야 한다. 사랑을 믿고 희망하며 살아야 한다. 롤랑의 말처럼 "우리는 실패한다. 그것이 삶이다. 그러나 사랑했다는 것은 결코 실수가 아니다."

우리에게는 '염세적 지성과 낙관적 의지'가 함께 필요하다. 세상에는 사랑이 없다는 명철한 인식, 그리고 그럼에도 사랑할 의지, 둘 다 필요하다. 살고자 하는 자, 그는 자신 속의 영웅을 깨워야 하리라. 자신의 이상을 배우고 그것을 성취하려 애써야 하리라. 영웅을 누구보다 깊고 넓게 공부한 롤랑은 이렇게 말했다. "할 수 있는 일을 하지 않고 할 수 없는 일만 하려는 범인과 달리 영웅은 자신이 할 수 있는 일을 해내는 사람이다." 그는 또한 이렇게 말했다. "나는 무한한 사유나 순전히 물리력으로 승리한 사람들이 아니라 선한 가슴으로 위대하게 된 사람들만 영웅이라는 이름을 부여한다."

무엇을 혹은 누구를 사랑할 때 우리는 그 대상을 통째로 사랑한다. 그것을 쪼개어 어떤 것은 사랑하고, 다른 어떤 것은 증오하지 않는다. 어떤 대상을 온통 사랑하는 것이 사랑이다. 인간적인 혹은 진실로 삶다운 삶을 사는 것은 삶의 모든 것,

곧 기쁨, 고통, 즐거움, 슬픔, 함께함, 외로움, 그리고 경멸과 수모와 낙담마저 사랑하는 것이다.

우리는 나와 너의 허약성을 연민할 때 더 잘 사랑한다. "우리는 우리의 곤경을 느끼며, 그것 때문에 우리 자신을 더 잘 사랑한다. 그렇다. 그것 바로 우리의 불행에 대한 자기연민의 인식이 행복이 아닐까 싶다."[85] 부조리의 작가 카뮈의 말이다. 그리고 기쁠 때 더 쉽게 사랑한다. 이란의 거장 감독 압바스 키아로스타미[1940~2016]의 〈체리향기〉의 한 인물은 죽기 위해 나뭇가지에 줄을 매다가 우연히 손에 잡힌 체리를 먹고서 삶의 힘을 얻는다. 창조하는 작업은 진실로 살아 있게 하는 가장 큰 기쁨이다. "창조하는 자보다 진실로 살아 있는 사람은 없다. (…) 사랑이든 행동이든 삶의 기쁨은 창조하는 기쁨이다." 자신이 마음 쏟은 시를 완성한 횔덜린은 한 번은 신들처럼 살았으니 더 필요한 것이 없다고 읊었다.

삶을 사랑하는 사람이란, 곧 삶의 법을 신실하게 따르는 자다. "죽어야 할 자들, 죽음으로 나아가라! 고통 받아야 할 자들, 가서 고통 받아라! 사는 일은 행복하기 위해서가 아니다. 나의 법을 이루기 위해서다. 고통 받아라. 죽으라. 그러나 마땅히 되어야 할 한 사람의 인간이 되어라."[86]

---

85 Albert Camus, *Between Yes and No.* In Personal Writings, trans. by E. C. Kennedy and J. O'Brien, Vintage Books, 2020.

86 Romain Rolland, *Jean-Christophe,* trans. by G. Cannan, Vol. II, Golding Books, 2018.

에필로그:
삶의 의미(와 목적)

삶의 의미란 무엇인가? 삶의 목적은 무엇인가? 그런데 그것을
왜 묻는가?

두 가지다. 첫째는 단순한 지적 호기심의 발로다. 혹은 영
적 갈증 때문이다. 이 경우 대답은 분명하다. 삶의 의미란 '삶
의 의미가 무엇인지' 묻는 삶 자체다. 그로써 문제는 사라진다.
해결의 대상이 아니라 그저 삶의 지속일 뿐이기 때문이다.

둘째는 실존의 문제로서 지금 여기의 삶이 (크든 작든) 만
족스럽지 않기 때문이다. 여기서 다시 두 가지 작은 대답이 분
기된다. 첫째, 특별히 당장의 삶이 문제는 아니지만, 뭔가 더
나은 삶이 있으리라 생각해 그 방향으로 삶을 더 잘 조율하고
싶기 때문이다. 온전히 만족스러운 삶을 원한다는 것이다. 둘
째, 삶이 공허하다. 혹은 견디기 힘들다. 그런 까닭에 왜 사는

지, 왜 살아야 하는지 모르겠다. 오십 대에 접어든 톨스토이와 이십 대의 윌리엄 제임스가 겪었던 실존의 위기 상황이다. 진지한 자기성찰 혹은/그리고 전문가의 상담이 필요하다.

이제 다르게 물어보자. 질문에 대한 모종의 대답을 찾았다면 어찌할지. 정답(이라 여기는 아이디어)에 맞추어 살면 삶이 만족스러울까? 그리고 그렇게 사는 것이 가능할까? 삶의 복잡성과 우연성을 거기에 맞추어 나갈 수 있을까?

(인간의) 삶에 관한 모든 질문은 (인간의) 삶 안에 있어야 할 것이다. 살아갈 수 있는 것이어야 할 것이다. 삶 바깥에 있는 것은 그것이 설령 빛나는 별인들 아무 소용없기 때문이다. 그런 까닭에 대답은 특정한 삶의 형식이나 내용일 것이다. 혹은 둘 모두일 것이다. 그리고 만지고 느낄 수 없는 추상적 관념은 실제의 삶에서 어찌해볼 수 없는 까닭에 현실적이지 않다. 우리가 인식하고 느끼고 실천할 수 있는 것은 진리, 아름다움 선 등이 아니라 진실한 약속, 아름다운 사물, 선한 행동 등이다.

신도 그렇다. 신은 누구도 본 적이 없고, 아무도 볼 수 없는 존재다. "네가 내 얼굴을 보지 못하리니 나를 보고 살 자가 없음이니라."(출 33:20) 우리가 신을 확인할 수 있는 것은 오직 신을 믿는 자의 삶의 양태(열매)를 통해서다. "나는 포도나무요. 너희는 가지니 저가 내 안에, 내가 저 안에 있으면 이 사람은 과실을 많이 맺나니"(요 15:5) 과실을 볼 수 없다는 것은 신

죽음이 온다 살아야겠다

을 찾을 수 없다는 것과 별반 다르지 않다. 과실에 대해 성경에 구체적으로 이렇게 쓰여 있다. "오직 성령의 열매는 사랑과 희락과 화평과 오래 참음과 자비와 양선과 충성과 온유와 절제니…"(갈 5:22~23) 사랑, 기쁨, 평화, 인내, 자비, 양보, 충성, 온유, 절제 등의 삶을 사는 사람을 어디서도 찾아볼 수 없다면 그것은 신이 우리의 현실 세계에 현존하지 않다는, 따라서 현실적으로 무용하다는 것을 뜻한다.

행동으로 나타나지 않는 말은 공허하다. 아무 쓸모없다. 그러므로 우리의 질문에 대한 정답은 구체적으로 다음의 목록 중 어느 한 인물이거나 그중 몇 개가 결합된 인물이 되는 데 있어야 마땅하다. 신을 신실하게 믿는 자(신부, 수녀, 목사, 장로 등), 큰 깨달음을 얻는 자(고승, 선사, 명상가, 구도자), 매우 지혜로운 자(위대한 철학자나 사상가), 실존을 누구보다 깊이 파고드는 자(위대한 작가나 거장 예술가), 진리의 문제와 탁월하게 씨름하는 자(위대한 과학자), 삶에서 큰 자비나 선행을 베푸는 자, 사업에서 가장 크게 성공한 자, 높은 권력을 지닌 자 등이다.

그와 달리 사태에서 좀 물러나 그러한 인물들의 보편적 특징을 정답으로 삼을 수도 있는데, 작품이든 명성이든 위대한 업적을 이루는 삶이 첫 번째 후보다. 이른바 성취론이다. 칸트나 베토벤이나 아인슈타인 등을 손쉽게 꼽을 수 있겠다. 문제는 그것은 범인이 도모할 수 있는 범위를 넘어선다는 것이다. 그리고 대단히 빼어난 업적이 아닌 것은 거의 모두 한시적이라는, 곧 세월이라는 이름의 강에 씻겨 나가 깡그리 잊히는 운명이며, 어떤 업적을 이룬다고 해서 삶이 완성되는 것은 아니라는 것이다. 인간, 그러니까 모든 인간은 무언가를 이루고 나면 이루고 싶은 또 다른 무엇을 필히 욕망하는 법이어서, 달리 말해 어떤 위대한 업적도 인간의 욕망을 멈출 수 없는 법이어서 종국적 삶의 만족은 근본적으로 불가능하기 때문이다.

따라서 한발 더 물러나 누구든 자신이 간절하게 하고 싶은 무엇을 얼마든 할 수 있는 상태를 두 번째 후보로 삼아보자. 이른바 욕망론이다. 어떤 노동이나 작업의 결과(업적)가 아니라 노동이나 작업 자체에서 만족감을 얻는 경우인데, 철학자 리처드 클라이드 테일러[1919~2003]는 그 모형으로 '약 맞은' 시시포스를 든다. 그가 시시포스를 택한 것은 모든 인간이 모종의 행위를 반복(매일 자고 일어나고 밥 먹고 일하고 쉬고 놀고, 그렇게 살다 늙어 병들어 죽는)하는 삶을 살기 때문이다. 시시포스가 만약에 어떤 약을 먹고서 바위를 꼭대기에 올리면 끊임없이 떨어지는 바위를 또다시 꼭대기에 올리는 일을 무한히 반복하는 것을 형벌이 아니라 마치 게임이 그렇듯 자신이 진정 하고 싶어서 한다면, 그래서 언제까지든 그렇게 하기를 욕망한다면 우리는 그가 만족스러운 삶을 산다고 할 수 있을까? 어떤 이는 '그렇다'고, 다른 이는 '아니'라고 할 것이다. 전자(주관주의자)는 누가 뭐라 그러든 삶의 주체는 즐겁게 산다는 이유에서, 후자(객관주의자)는 그 일이 가치 있는 일이라고 할 수 없다는 이

죽음이 온다 살아야겠다

유에서다. 달리 보아 즐거움을 삶의 지고의 가치로 둔다면 '그렇다'고 할 수 있겠고, 삶은 즐거움보다 더 높은 가치를 추구해야 한다고 생각하면 '아니'라고 할 수 있겠다. 아마도 시시포스 자신도 끝없는 욕망의 만족을 의미 있다고 생각하지는 않으리라.

나는 즐거움을 지고의 가치로 두는 삶도, 즐거움보다 상위의 가치를 추구하는 삶도 만족스러운 삶이라고 생각하지 않는다. 단지 즐거움만으로는 삶을 다 채울 수 없기 때문이며, 그 자체가 목적인 즐거움보다 모종의 행위가 수반하는 즐거움이 더 만족스럽다는 점에서 후자 쪽이다. 맛있는 음식을 먹고, 재미있는 영화를 보고, 즐거운 수다를 떨거나 게임(놀이)을 하는 것 등은 그러한 것들이 지나치지 않을 때 우리의 삶을 만족스럽게 한다. 그러나 내가 무언가를 이루었을 때 얻는 즐거움은 그것보다 더 좋다. 그리했을 때 나 자신의 역능(성장)을 확인하기 때문이다.

따라서 이제 자긍심을 세 번째 후보로 생각해보자. 세인이 어떻게 판단하든 자신이 자긍심을 느끼는 삶은 만족스럽다. 이른바 자아성장론이다. 성취론의 변형이라 할 수 있다. 내가 무언가를 해내는 삶은 내 자신의 역능 혹은 성장을 확인하는 삶이어서 만족스럽다. 거의 평생 불치병에 시달린 클레어 와인랜드가 탁월한 사례인데, 그녀는 고통의 시간들을 병의 회복이나 건강의 호전을 위해서가 아니라 그로써 무언가를 해내는 삶을 택했다. 그리하여 적극적인 매체 활동을 통해 고통스러운 삶을 사는 사람들이 좀 더 편안하도록, 그리고 어떤 환경에 처해 있든 모두 힘을 지녔고 무언가를 줄 수 있다고 깨닫게 하도록 돕는 만족스러운 삶을 살다가 스물한 살에 죽었다.

그런데 자긍심을 갖게 하는 것은 무언가를 이루어내는 특정한 행위가 아니라 특정한 삶의 방식일 수 있다. 네 번째 후보는 이른바 존재(방식)론이다. 내용이 아니라 형식이 삶을 만족스럽게 한다는 것이다. 영화감독 테리 길리엄[1940~]은 〈Monty Python's The Meaning Of Life〉에서 '삶의 의미는 무엇일까?'라는 질문에 이렇게 대답한다. "사람들에게 친절하게 대하고, 지방을 먹지 말고, 가끔 좋은 책을 읽고, 산책을 좀 하고, 모든 신념과 국적과 상관없이 모든 사람과 평화롭고 조화롭게 함께 살려고 애써라." 크게 깨달은 자들이 제시하는 길은 더 단순하다. 삶은 '지금'의 연속이다. 달리 말해 '지금 당장'이 삶이다. '지금'을 잃으면 삶을 잃는다. '지금 당장'에 온 정신과 마음을 쏟아라.

삶의 모든 촌각마다 몰두하는 사람은 공허할 여지가 없다. 이미 충만한 까닭에 삶의 의미나 목적을 묻지 않는다. 그리하여 마지막 다섯 번째 후보로 이른바 의미무용론이다. 런던대학교 정치학 교수 티모시 폴 베일[1965~]은 이렇게 말했다. "삶의 의미는 죽지 않는 것이다." 영성 작가 앨런 윌슨 와츠[1915~1973]도 똑같이 말했다. "삶의 의미는 그저 살아 있는 것이

　　　　　　　　죽음이 온다 살아야겠다

다." 철학자 테일러도 비슷하게 말했다. "하루는 그 자체로 충분하다. 삶도 그렇다."

물론 정답이 하나이어야 하는 것은 아니다. 여럿을 섞어서 만들 수도 있다. 그런데 분명한 사실은 이것이다. 삶 바깥은 없다. 모든 것이 삶이다. 삶의 의미와 목적을 묻는 것도 실존의 한 방식이다. 따라서 그것을 묻는 자 혹은 물어야 하는 자는 먼저 그렇게 묻는 행위가 의미가 있는지 물어야 하리라. 나는 왜 그것을 묻는지 물어야 하리라. 그리고 묻는 자는 자신의 지력을 다해 물음의 뿌리를 만질 때까지 곰곰이 따지며 물어야 하리라. 이 질문을 둘러싼 사태는 대개 이렇다. 질문의 주체는 마음이 공허하다. 자신의 삶이 만족스럽지 않다.

핵심은 이것이다. 사랑할 때 우리는 삶을 둘러싼 질문을 어떤 것도 하지 않는다. 내가 사랑하는 것은 무조건 의미가 있고, 가치가 있기 때문이다. 사랑은 무엇을 목표로 겨누지 않는다. 사랑 바깥의 어떤 것도 목적으로 삼지 않는다. 사랑은 오직 더 사랑하는 것밖에 마음에 두지 않기 때문이다. 진리는 우리를 자유롭게 한다. 사랑은 우리를 살도록 한다. 진리를 향한 의지와 사랑을 위한 열정, 그로써 우리의 삶은 충분히 충만하지 않은가.

죽음이 온다 살아야겠다

죽음과 삶을 생각하는 시간

초판 1쇄 발행 | 2024년 3월 25일

지은이 | 이종건

편집 | 김유정
디자인 | 김대욱

펴낸이 | 김유정
펴낸곳 | yeondoo
등록 | 2017년 5월 22일 제300-2017-69호
주소 | 서울시 종로구 부암동 208-13
팩스 | 02-6338-7580
메일 | 11lily@daum.net

ISBN | 979-11-91840-43-8 (03100)